| **Tecnologia, administração e sociedade**

Preencha a **ficha de cadastro** no final deste livro
e receba gratuitamente informações
sobre os lançamentos e as promoções da Elsevier.

Consulte também nosso catálogo
completo, últimos lançamentos
e serviços exclusivos no site
www.elsevier.com.br

PETER DRUCKER

Tecnologia, administração e sociedade

Tradução: Bruno Alexander e Luiz Otávio Talu

ELSEVIER

CAMPUS

Do original: *Technology, management, and society*
Tradução autorizada do idioma inglês da edição publicada por Harvard Business Review Press
Copyright © 2011, by Harvard Business School Publishing Corporation

© 2012, Elsevier Editora Ltda.

Todos os direitos reservados e protegidos pela Lei nº 9.610, de 19/02/1998.
Nenhuma parte deste livro, sem autorização prévia por escrito da editora, poderá ser reproduzida ou transmitida sejam quais forem os meios empregados: eletrônicos, mecânicos, fotográficos, gravação ou quaisquer outros.

Copidesque: Ivone Teixeira
Revisão: Mariflor Brenlla Rial Rocha e Edna Rocha
Editoração Eletrônica: Estúdio Castellani

Elsevier Editora Ltda.
Conhecimento sem Fronteiras
Rua Sete de Setembro, 111 – 16º andar
20050-006 – Centro – Rio de Janeiro – RJ – Brasil

Rua Quintana, 753 – 8º andar
04569-011 – Brooklin – São Paulo – SP – Brasil

Serviço de Atendimento ao Cliente
0800-0265340
sac@elsevier.com.br

ISBN 978-85-352-5225-5
Edição original: ISBN: 978-1-4221-3161-9

Nota: Muito zelo e técnica foram empregados na edição desta obra. No entanto, podem ocorrer erros de digitação, impressão ou dúvida conceitual. Em qualquer das hipóteses, solicitamos a comunicação ao nosso Serviço de Atendimento ao Cliente, para que possamos esclarecer ou encaminhar a questão.

Nem a editora nem o autor assumem qualquer responsabilidade por eventuais danos ou perdas a pessoas ou bens, originados do uso desta publicação.

CIP-Brasil. Catalogação-na-fonte
Sindicato Nacional dos Editores de Livros, RJ

D857t	Drucker, Peter Ferdinand, 1909-2005
	Tecnologia, administração e sociedade / Peter F. Drucker ; tradução Bruno Alexander e Luiz Otávio Talu. – Rio de Janeiro : Elsevier, 2012.
	(Biblioteca Drucker ; 2)
	Tradução de: Technology, management, and society
	ISBN 978-85-352-5225-5
	1. Administração – Inovações tecnológicas. 2. Sistemas de informação gerencial. I. Título. II. Série.
11-7464.	CDD: 303.483
	CDU: 316.422.44

PREFÁCIO

Uma coleção de ensaios deve apresentar uma unidade. Deve haver um ponto de vista, um assunto central em que se baseia o livro inteiro. Vemos essa unidade neste compilado de ensaios, apesar de eles serem de mais de uma década atrás e de tratarem de temas variados. Um dos ensaios, "Trabalho e ferramentas", diz: "A tecnologia nada tem a ver com ferramentas, mas com a forma de trabalhar do homem." Esse deve ser o ponto central deste livro e talvez de todo o meu trabalho ao longo dos anos.

Todos os ensaios deste volume tratam de um ou outro aspecto do que se costumava chamar "civilização material": todos falam das ferramentas e materiais do homem, suas instituições e organizações, e de como ele trabalha para ganhar a vida. Mas o tempo todo, fatores como trabalho e ferramentas, organizações e sustento são vistos como "extensões do homem", não artefatos materiais que fazem parte de uma natureza inanimada. Se eu tivesse de refletir sobre minha própria posição ao longo dos anos, diria que, desde o início, rejeitei a visão comum do século XIX, que dividia a sociedade em "cultura", a parte que lida com ideias e símbolos, e "civilização", a parte que lida com artefatos e objetos. "Civilização" para mim sempre fez parte da personalidade do homem, como área em que ele expressa seus ideais, seus sonhos, suas aspirações e seus valores. Alguns dos ensaios deste livro são sobre tecnologia e história da tecnologia. Alguns são sobre administração e administradores. Alguns, sobre ferramentas específicas – o computador, por exemplo. Mas todos se resumem ao homem no trabalho, tentando se tornar mais eficiente.

Uma coleção de ensaios, contudo, também deve apresentar diversidade. Deve fragmentar o pensamento do autor da mesma forma que um prisma fragmenta a luz. Aliás, um compilado de ensaios que realmente dá prazer de ler é cheio de surpresas, pois o autor, falando sempre das mesmas áreas, de repente se vê em novas sendas, revelando novas facetas de seu assunto. Os ensaios reunidos neste volume tratam de apenas uma das grandes áreas que sempre me interessaram: a área da "civilização material". No entanto, o leitor encontrará bastante variedade neles. Cinco dos 12 ensaios abordam a tecnologia, sua história e seu impacto sobre o homem e sua cultura. Abarcam vários períodos, desde a "primeira revolução tecnológica", há sete mil anos, época em que as cidades fluviais criaram o que ainda chamamos de "civilização moderna", até os dias de hoje. Todos os ensaios partem do princípio de que a história não tem como ser escrita – nem faz sentido – se não levar em consideração a tecnologia, o desenvolvimento e o uso das ferramentas do homem ao longo do tempo. Nem preciso dizer que essa não é a posição comum dos historiadores tradicionais. Só agora é que eles estão começando a se dar conta de que a tecnologia sempre existiu e sempre fez parte integral da experiência humana, da sociedade e de nossa história. Ao mesmo tempo, estes ensaios pressupõem que o tecnólogo, para usar suas ferramentas de modo construtivo, tem de conhecer a história e entender a relação de seu trabalho com o homem e a sociedade – e essa posição foi ainda mais impopular entre os tecnólogos do que a ênfase na tecnologia entre os historiadores.

Quatro ensaios deste livro – os dois primeiros, "O administrador de ontem e de hoje" e "Objetivos empresariais e necessidades de sobrevivência" – consideram o administrador como o agente da sociedade atual e a administração como uma função social central, partindo do princípio de que os administradores manuseiam ferramentas, conhecem perfeitamente essas ferramentas e estão dispostos a adquirir novas, se necessário. Mas algumas perguntas não querem calar: "Que *resultados* esperamos dos administradores? Que *resultados* sua organização, seja uma empresa seja uma entidade governamental, espera deles? E o mais importante: que resultados nossa sociedade e os seres humanos que a constituem podem esperar de um administrador e da administração?" O foco está na administração, uma vez que ela influencia nossa qualidade de vida – isso é fato.

Os três ensaios restantes ("O planejamento de longo prazo", "O administrador e a máquina ignorante" e "Será que a administração poderá ser uma ciência algum dia?") falam de abordagens e técnicas. Focam a administração dentro das empresas, não a administração como função social. Mas enfatizam o propósito da administração, que não é ser eficiente, mas gerar produtividade, para o ser humano, a economia e a sociedade.

Um conjunto de ensaios, por fim, deve revelar a personalidade de seu autor melhor que qualquer outro tipo de livro. É por isso que gosto tanto de ler ensaios, porque eles mostram o estilo do indivíduo, sua inteligência e sua maneira de pensar. Se este livro alcança esse propósito, só o leitor poderá dizer, mas espero que estes 12 ensaios, escritos por diferentes motivos e em momentos diferentes desde 1957, ajudem a fortalecer o laço entre autor e escritor, o que, em última análise, explica por que o escritor escreve e o leitor lê.

Peter F. Drucker
Montclair, New Jersey

SUMÁRIO

	Prefácio	v
CAPÍTULO 1	Informação, comunicação e compreensão	1
CAPÍTULO 2	O novo papel da administração	21
CAPÍTULO 3	Trabalho e ferramentas	37
CAPÍTULO 4	Tendências tecnológicas do século XX	49
CAPÍTULO 5	A civilização pré-tecnológica de 1900	65
CAPÍTULO 6	O administrador de ontem e de hoje	81
CAPÍTULO 7	A primeira revolução tecnológica e suas lições	101
CAPÍTULO 8	O planejamento de longo prazo	113
CAPÍTULO 9	Objetivos empresariais e necessidades de sobrevivência	131
CAPÍTULO 10	O administrador e a máquina ignorante	147
CAPÍTULO 11	A revolução tecnológica	159
CAPÍTULO 12	Será que a administração poderá ser uma ciência algum dia?	171
	Índice	181

CAPÍTULO 1

Informação, comunicação e compreensão*

A PREOCUPAÇÃO COM A QUESTÃO DA "INFORMAÇÃO" e das "comunicações" começou um pouco antes da Primeira Guerra Mundial. O *Principia mathematica*, de Russell e Whitehead, lançado em 1910, continua sendo uma obra basilar. Grande número de ilustres sucessores – de Ludwig Wittgenstein à "linguística matemática" de Noam Chomsky, passando por Norbert Wiener – deu continuidade ao trabalho sobre a *lógica* da informação. O interesse pelo *sentido* da comunicação é, em linhas gerais, algo contemporâneo. Alfred Korzybski começou com o estudo da "semântica geral", isto é, o sentido da comunicação, nos anos próximos à virada do século. A época, no entanto, era de guerra, e todo o mundo ocidental voltou sua atenção para o poder dos meios de comunicação. Quando os documentos diplomáticos de 1914 nos arquivos germânicos e russos foram publicados logo após o fim do combate, ficou comprovado, para espanto geral, que a catástrofe havia sido causada, em grande parte, por falhas de comunicação, apesar da profusão de informações confiáveis. A própria guerra – principalmente o estrondoso fracasso de seu único conceito estratégico, a Campanha de Galípoli, de

---

* Ensaio lido para os membros da International Academy of Management, Tóquio, Japão, em outubro de 1969. Publicado na revista *Management Today*, em março de 1970, sob o título "What Communication Means".

Winston Churchill, entre 1915 e 1916 – tornou patente a tragicomédia da não comunicação. Ao mesmo tempo, o período imediatamente posterior à Primeira Guerra Mundial – um período de disputa industrial e de total falta de comunicação entre o mundo ocidental e os comunistas "revolucionários" (e, um pouco mais tarde, os fascistas igualmente revolucionários) – revelou a necessidade e a ausência de uma teoria válida ou uma prática funcional de comunicação nas instituições e sociedades existentes e na relação entre os diversos grupos de liderança com seus diferentes "públicos-alvo".

Como resultado, a comunicação tornou-se, de uma hora para a outra – isso há 40-50 anos, mais ou menos – o ponto de interesse de estudiosos e profissionais da área. E digo mais: a comunicação no mundo da administração tem sido assunto de vital importância para alunos e profissionais de diversos tipos de instituição – empresas comerciais, forças armadas, administração pública, hospitais, universidades e centros de pesquisa. Em nenhuma outra área, homens e mulheres inteligentes trabalharam com tanto afinco quanto os psicólogos, especialistas em relações humanas, administradores e estudantes de administração trabalharam na melhoria da comunicação em nossas grandes instituições.

Hoje em dia, testemunhamos mais tentativas de comunicação, isto é, uma maior preocupação em falar com os outros e um excesso de meios de comunicação, algo inimaginável para os homens que, por volta da Primeira Guerra Mundial, começaram a trabalhar para solucionar os problemas de comunicação. A literatura a respeito do tema multiplicou-se exponencialmente. Recebi, há pouco tempo, uma bibliografia para um seminário de graduação em comunicação. Tinha 97 páginas! Uma recente antologia (*The Human Dialogue*, editado por Floyd W. Matson e Ashley Montagu; Londres: Collier-Macmillan, 1967) contém artigos de 49 colaboradores diferentes.

Ainda assim, o assunto tem se mostrado bastante espinhoso. Cada um dos 49 colaboradores de *The Human Dialogue* defende uma teoria de comunicação incompatível com todas as outras. O falatório cresceu tanto que ninguém consegue ouvir mais nada. O fato é que existe cada vez menos comunicação. A lacuna de comunicação nas instituições e em diferentes grupos da sociedade tem aumentado de forma constante – a um ponto que pode se transformar num abismo intransponível de total incompreensão e mal-entendidos.

Enquanto isso, lidamos com um número cada vez maior de informações. Todo profissional e todo executivo – aliás, todo ser humano, com exceção dos surdos-mudos – de repente se vê frente a uma quantidade inesgotável de dados. Sentimo-nos – e empanturramo-nos – como uma criança numa loja de doces. Mas o que fazer para que essa abundância de dados redunde em informação ou – sendo otimista – conhecimento? Existem muitas respostas, mas a verdade é que ninguém deu uma resposta satisfatória até agora. Mesmo com a "teoria da informação" e o "processamento de dados", ninguém viu realmente – nem nunca usou, claro – um "sistema de informação" ou um "banco de dados". O que sabemos, isso sim, é que o excesso de informações torna o problema da comunicação ainda mais premente e complexo.

Há uma tendência atual de abrir mão da comunicação. Na psicologia, por exemplo, a moda são os chamados *T-groups* (*Training Group* – "grupo de treinamento"), com seu "treino de sensibilidade". O objetivo declarado não é a comunicação, mas a autopercepção. Os *T-groups* concentram-se no "eu" e não no "vós". Dez ou vinte anos atrás, a retórica frisava a "empatia"; agora, ela frisa o "cada um por si". Por mais necessária que seja a autopercepção, a comunicação é, no mínimo, tão necessária quanto ela (partindo do princípio de que a autopercepção seja possível sem influenciar os outros, ou seja, sem comunicação). A questão do valor e da eficácia dos *T-groups* como psicoterapia está além da minha competência e do objetivo deste ensaio, mas sua popularidade confirma o fracasso de nossos investimentos na área da comunicação.

Apesar do lamentável estado da comunicação, tanto na teoria quanto na prática, aprendemos bastante coisa sobre informações e meios de comunicação. A maior parte do que sabemos, contudo, não provém do trabalho específico sobre o assunto, ao qual dedicamos tanto tempo e energia, mas do estudo de grande número de campos aparentemente desconexos, desde teoria da aprendizagem até genética e engenharia eletrônica. Temos também muita experiência – embora, na maior parte dos casos, de fracasso – em relação a um monte de situações práticas nos mais diversos tipos de instituição. Talvez nunca cheguemos a entender realmente o que significa comunicação. Entretanto, a comunicação nas empresas – leia-se *comunicação gerencial* – é algo que já entendemos um pouco. É um tema muito menos abrangente que a comunicação em si, mas é o tema que decidi desenvolver neste ensaio.

Estamos, a bem da verdade, muito longe ainda de dominar a comunicação, mesmo nas empresas. O conhecimento que temos a respeito é vago e, em geral, inacessível, para não dizer impraticável. O lado bom disso é que pelo menos sabemos o que não funciona e, às vezes, por que não funciona. Aliás, podemos dizer, sem medo de errar, que a maior parte das tentativas de comunicação nas organizações – sejam elas empresas, sindicatos, entidades governamentais ou universidades – baseia-se em premissas inválidas, e que, portanto, esses esforços não têm como gerar resultados. Talvez possamos até prever o que dará certo.

O que aprendemos

Aprendemos, geralmente por meio do erro, quatro princípios básicos da comunicação, a saber:

1. Comunicação é percepção.

2. Comunicação é expectativa.

3. Comunicação é envolvimento.

4. Comunicação e informação são dois assuntos completamente diferentes, mas a informação pressupõe o uso da comunicação.

Comunicação é percepção

Um antigo enigma proposto pelos místicos de muitas religiões – os zen-budistas, os sufis islâmicos ou os rabinos do Talmude – apresenta a seguinte questão: "Se uma árvore cair numa floresta e não houver ninguém para ouvir, produz-se som?" Sabemos agora que a resposta certa para essa pergunta é "não". Produzem-se ondas sonoras, mas não som. Para haver som, alguém precisa ouvi-lo. O som é criado pela percepção. Som é comunicação.

Não parece nada de mais, já que os sábios de outrora sabiam que não se produz som a menos que alguém possa ouvi-lo, mas as implicações dessa questão aparentemente banal são estupendas.

a. Primeiro, significa que é o receptor quem cria a comunicação. O chamado comunicador, ou seja, o indivíduo que emite a comunicação, não comunica. Ele se pronuncia. Se não houver alguém para ouvir, não há comunicação. Há apenas ruído. O comunicador fala, escreve ou canta, mas não se comunica. Aliás, ele não tem como se comunicar. A única coisa que ele pode fazer é possibilitar – ou não – a percepção por parte do receptor.

b. A percepção, sabemos, nada tem a ver com lógica. É uma experiência. Isso significa, em primeiro lugar, que o que percebemos é sempre um conjunto de coisas. Não temos como perceber elementos isolados. Tudo sempre faz parte de um quadro maior. *A linguagem silenciosa* (como Edward T. Hall a chamou no título de sua obra pioneira há 10 anos) – isto é, os gestos, o tom de voz e o meio, sem falar nas referências culturais e sociais – não pode ser dissociada da linguagem oral. Na verdade, sem ela a palavra falada não tem significado e não comunica. A questão não é só que as mesmas palavras – por exemplo, "adorei encontrá-lo" – podem ter diversos significados, mas a possibilidade de elas expressarem frieza ou carinho, rejeição ou receptividade depende de sua configuração na linguagem silenciosa, ou seja, de aspectos como o tom de voz ou o momento em que se fala. O fato mais importante é que, isolada, isto é, sem fazer parte de um contexto geral, onde se inclui o valor da linguagem silenciosa etc., a frase não tem sentido algum. Por si só, não é capaz de produzir comunicação. Parafraseando um antigo provérbio da escola de Relações Humanas: "É impossível comunicar apenas palavras. Todo o nosso ser acaba se manifestando através delas."

c. Mas, a respeito da percepção, sabemos também que só percebemos o que somos capazes de perceber. Assim como o ouvido humano não capta sons acima de determinada frequência, a percepção humana não vai além do que está dentro de seu alcance de percepção. Conseguimos ouvir e olhar fisicamente, claro, mas não assimilar. O estímulo não resulta em comunicação.

Essa é uma forma bem sofisticada de dizer algo que os professores de retórica já sabem há muito tempo, embora os profissionais da comunicação vivam se esquecendo. No diálogo *Fedro* de Platão, que, entre outras coisas, é o tratado mais antigo sobre retórica existente, Sócrates enfatiza que precisamos falar com as pessoas atentando para sua própria experiência, isto é, devemos usar metáforas de carpinteiro ao falar com carpinteiros, por exemplo, e assim por diante. Só existe comunicação se a linguagem for a do receptor ou se forem utilizados seus termos. Esses termos, por sua vez, têm de estar baseados numa vivência pessoal. Ou seja, não adianta tentar explicá-los. O ser humano não será capaz de recebê-los se eles não fizerem parte de sua própria experiência. Eles excedem sua capacidade de percepção.

A conexão entre experiência, percepção e formação de conceito – cognição – é, sabemos agora, infinitamente mais sutil e mais rica do que previram os filósofos do passado. Mas um fato é certo, destacando-se mesmo no trabalho mais díspar, como por exemplo o de Piaget, na Suíça, o de B.F. Skinner, de Harvard, ou o de Jerome Bruner (também de Harvard): a percepção e a concepção de quem aprende, seja criança ou adulto, não podem ser dissociadas. Não temos como perceber se não formos capazes de conceber. Mas também não temos como formar conceitos se não formos capazes de perceber. A comunicação de um conceito não é possível se o receptor não for capaz de percebê-lo, ou seja, se o conceito não estiver dentro de seu alcance de percepção.

Os escritores costumam dizer: "Uma frase truncada sempre revela uma mente confusa. Não é a frase que precisa ser reformulada, mas o pensamento por trás dela." Ao escrever, claro, tentamos nos comunicar com nós mesmos. Uma frase pouco clara é aquela que excede nossa própria capacidade de percepção. Trabalhar na frase em si, isto é, trabalhar no que geralmente é chamado de comunicação não resolve o problema. Temos de trabalhar em nossos próprios conceitos primeiro para conseguir entender o que estamos tentando dizer – e só então estaremos aptos a escrever.

Na comunicação, seja qual for o meio, a primeira pergunta que devemos nos fazer é: "O que desejo comunicar está dentro do alcance de percepção do receptor? Ele será capaz de receber?"

O "alcance de percepção", evidentemente, é estabelecido, em grande parte (embora não totalmente) pelas limitações fisiológicas do corpo animal do homem. Quando falamos de comunicação, porém, as limitações de percepção mais significativas são, de modo geral, mais culturais e emocionais do que físicas. Os fanáticos, por exemplo, não estão sendo convencidos por argumentos racionais. Isso já sabemos há milhares de anos. Agora estamos começando a entender que o que falta não são "argumentos". Os fanáticos não possuem a capacidade de perceber uma comunicação que vá além do alcance de suas emoções. Para que isso seja possível, suas emoções têm de ser alteradas. Em outras palavras, ninguém está realmente "em contato com a realidade" se isso significar estar totalmente aberto a evidências. O que difere a sanidade e a paranoia não é a capacidade de percepção, mas a capacidade de aprendizagem, ou seja, a capacidade de modificar nossas emoções com base na experiência.

O fato de que a percepção está condicionada ao que somos capazes de perceber foi revelado há 40 anos pela mais citada e, provavelmente, a menos lembrada de todas as alunas de administração, Mary Parker Follett, sobretudo em seu livro de ensaios reunidos, *Dynamic Administration* (Londres: Management Publications Trust, 1949). Follett dizia que um desacordo ou um conflito geralmente não está relacionado a respostas ou, aliás, a qualquer coisa manifesta. Na maior parte dos casos, é resultado de uma incongruência de percepções. O que uma pessoa *A* vê com tanta clareza, uma pessoa *B* não vê. Portanto, o que *A* sustenta não faz sentido para *B*, e vice-versa. Os dois, afirma Follett, enxergam a realidade, mas cada um enxerga um aspecto diferente. O mundo, e não apenas o mundo material, é multidimensional. No entanto, só conseguimos enxergar uma dimensão por vez. Raramente percebemos que existem outras dimensões e que algo tão óbvio para nós e tão claramente justificado pela nossa experiência emocional possui outros aspectos, totalmente diferentes, que levam, portanto, a uma percepção completamente nova. A velha história dos cegos e do elefante, em que cada um entra em contato com uma parte isolada do animal – as patas, as pernas, a tromba – e chega a uma conclusão diferente, defendida com tenacidade, nada mais é do que a história da condição humana. E não há possibilidade de comunicação enquanto isso não for entendido e enquanto o cego que tocou na tromba não for até o cego que tocou na perna do elefante e tocar na perna também. Em outras palavras, não há possibilidade de comunicação se não soubermos, de antemão, o que o receptor – o verdadeiro comunicador – é capaz de enxergar e por quê.

Comunicação é expectativa

Geralmente, percebemos o que esperamos perceber. Enxergamos, em grande medida, o que esperamos enxergar, e ouvimos, geralmente, o que esperamos ouvir. A hipótese de que o inesperado possa ser mal recebido não é o que importa, embora a maioria dos escritores sobre comunicação empresarial ou governamental diga o contrário. O que realmente importa é que o inesperado, de modo geral, nem é recebido. Não é visto nem ouvido, mas ignorado ou incompreendido, isto é, visto ou ouvido de maneira diferente da esperada.

A respeito disso, já temos um século ou mais de experimentação. Os resultados são bastante concludentes. A mente humana procura classificar impressões e estímulos de acordo com uma estrutura de expectativas, resistindo firmemente a qualquer tentativa de mudança, ou seja, a perceber o que não espera perceber ou não perceber o que espera perceber. Evidentemente, é possível alertar a mente humana para o fato de que o que ela percebe é contrário a suas expectativas, mas para isso precisamos primeiro entender o que nossa mente espera perceber. Depois, é necessário haver um sinal inequívoco – "isso é diferente" –, um choque que quebre a continuidade. Uma mudança "gradual", em que a mente é conduzida, supostamente, por pequenos passos progressivos para nos darmos conta de que o que percebemos não é o que esperamos perceber, não funcionará. Ao contrário, reforçará as expectativas, fazendo que se perceba o que o receptor espera perceber.

Antes de nos comunicar, portanto, precisamos saber o que o receptor espera ver e ouvir. Só então saberemos se a comunicação pode utilizar suas expectativas – e que expectativas são essas – ou se existe a necessidade do "choque de alienação" de um "despertar" que desmonte as expectativas do receptor e o force a perceber que o inesperado está acontecendo.

Comunicação é envolvimento

Muitos anos atrás, os psicólogos depararam-se com um estranho fenômeno em seus estudos sobre a memória, um fenômeno que, a princípio, contradizia todas as suas hipóteses. Para testar a memória dos seres humanos, eles compilaram uma lista de palavras que seria mostrada a seus objetos de estudo por determinado tempo a fim de avaliar sua capacidade de retenção. Como forma de controle, prepararam outra lista, nesse caso de palavras sem sentido, meras junções de letras, para ver até que ponto a compreensão influenciava na memória. Para a surpresa desses primeiros pesquisadores de quase um século atrás, seus objetos de estudo (a maior parte alunos, claro) demonstraram um nível de retenção de palavras específicas totalmente irregular. Mais surpreendente do que isso, o nível de retenção de palavras sem sentido foi incrivelmente alto. A explicação do primeiro fenômeno é bastante óbvia. As palavras não são meras informações. Elas possuem cargas emocionais. Portanto, as palavras que geram associações desagradáveis ou ameaçadoras costumam ser suprimidas, e as palavras que geram associações agradáveis são retidas. Aliás, esse processo de retenção seletiva por associação emocional tem sido utilizado desde então no desenvolvimento de testes para diagnóstico de distúrbios emocionais e testes de personalidade.

O nível relativamente alto de retenção de palavras sem sentido não era tão fácil de explicar. Esperava-se, afinal, que ninguém se lembrasse de palavras que não significavam nada. No entanto, ficou comprovado ao longo dos anos que a memória dessas palavras, embora limitada, se dá justamente porque as palavras não têm significado. Por esse motivo, as palavras também não criam nenhuma demanda. Elas são neutras. A respeito delas, pode-se afirmar que a memória comporta-se de forma realmente mecânica, sem nenhum tipo de preferência ou rejeição emocional.

Um fenômeno similar, conhecido por qualquer editor de jornais, é o grande número de leitores que retêm os chamados "calhaus" – pequenos trechos incidentais de informação irrelevante, geralmente com poucas linhas, utilizados para fechar a página de um jornal. Por que alguém se interessaria em ler, quanto mais lembrar, que a moda de usar meias de cores diferentes surgiu na corte de algum duque já esquecido? Por que alguém se interessaria em ler, quanto mais lembrar, em que ocasião o fermento em pó foi utilizado pela primeira vez? Não restam dúvidas, todavia, de que esses pequenos acepipes de irrelevância são lidos e, ainda por cima, lembrados, mais do que quase todas as outras informações do jornal, com exceção das manchetes escandalosas sobre catástrofes. A resposta é que esses calhaus não criam demandas. É justamente sua total irrelevância que os faz serem lembrados.

Comunicação é sempre propaganda. O emissor sempre deseja "transmitir alguma coisa". Propaganda, como sabemos, é algo muito mais poderoso do que os racionalistas, com sua crença no "debate aberto", pensam, e muito menos poderoso do que os criadores de mitos da propaganda, como por exemplo um Dr. Goebbels no regime nazista, acreditava e queria que acreditássemos. Aliás, o perigo da propaganda não é que acreditem nela, mas justamente o contrário: que não acreditem em nada e que toda comunicação se torne suspeita. No final, já não há comunicação. Tudo o que se diz é considerado demanda e é rejeitado, sem ser ouvido. O resultado da propaganda não são fanáticos, mas céticos – e isso, claro, pode ser uma corrupção ainda mais perigosa.

A comunicação, em outras palavras, sempre cria demandas. O receptor precisa se tornar alguém, fazer alguma coisa, acreditar em algo. O apelo sempre é a motivação. Quando a comunicação condiz com as aspirações, valores e propósitos do receptor, ela tem força. Quando contradiz as aspirações, valores e motivações do receptor provavelmente não será sequer recebida, ou será rejeitada. Evidentemente, em casos extremos, a comunicação gera conversão – uma mudança de personalidade, valores e aspirações –, mas isso é raro, uma vez que as forças psicológicas básicas do ser humano estão fortemente organizadas contra tal possibilidade. Até Deus, de acordo com a Bíblia, primeiro teve de cegar Saulo para poder convertê-lo e transformá-lo em Paulo. A comunicação com fins de conversão requer entrega. De modo geral, portanto, não há comunicação se a mensagem não se enquadrar nos valores do receptor, pelo menos em algum nível.

Comunicação e informação são dois assuntos completamente diferentes, embora interdependentes

a. Se comunicação é percepção, informação é lógica. Como tal, é algo puramente formal, sem significado. É impessoal, não interpessoal. Quanto mais livre estiver do componente humano, isto é, de elementos como emoções e valores, expectativas e percepções, mais válida e confiável será. Aliás, será mais eficiente.

O problema ao longo da história sempre foi reunir informações a partir das comunicações, isto é, dos relacionamentos entre as pessoas, com base na percepção. O desafio era conseguir isolar o conteúdo da informação dentro de uma abundância de percepção. Hoje em dia, de repente, temos a capacidade de fornecer informações – pelo trabalho conceitual dos especialistas em lógica, sobretudo a lógica simbólica de Russell e Whitehead, e pelo trabalho técnico sobre processamento e armazenamento de dados, ou seja, pelo advento dos computadores e sua enorme capacidade de armazenar, manipular e transmitir dados. Em outras palavras, o problema atual é oposto ao da humanidade de outrora. A questão agora é como lidar com a informação *per se*, desprovida de qualquer conteúdo de comunicação.

b. Os requisitos para a eficácia da informação são contrários aos requisitos para a eficácia da comunicação. Percebemos uma configuração estruturada na comunicação, mas transmitimos dados individuais específicos no processo de informação. Aliás, a informação é, acima de tudo, um princípio de economia. Quanto menos dados forem necessários, melhor a informação. E um excesso de informação, isto é, qualquer quantidade acima do que é realmente necessário, leva a um blecaute. Em vez de nos enriquecer, nos empobrece.

c. Ao mesmo tempo, a informação pressupõe o uso da comunicação. Qualquer informação vem sempre codificada. Para ela ser recebida e usada, o código precisa ser decifrado pelo receptor, o que requer um acordo prévio, ou seja, comunicação. O receptor precisa, pelo menos, saber a que contexto pertencem os dados. Os números contidos na fita magnética do computador são alturas de montanhas ou os saldos de tesouraria dos bancos do Fed? De qualquer maneira, o receptor teria de saber de que montanhas ou bancos se trata para extrair qualquer informação daqueles dados.

O modelo do sistema de informação pode muito bem ter sido a linguagem peculiar conhecida como *Armee Deutsch* (alemão do exército), que serviu como idioma de comando no Exército Imperial Austríaco até 1918. Num exército poliglota, em que oficiais e suboficiais geralmente não têm uma língua em comum, funcionou muito bem com pouco mais de 200 palavras específicas, como "fogo!" ou "descansar!", por exemplo, cada uma com um significado bastante objetivo. O significado era sempre uma ação, e as palavras foram aprendidas por intermédio dessas ações, isto é, o que os behavioristas agora chamam de "condicionamento operante". As tensões no exército austríaco após tantas décadas de desordem nacionalista eram grandes. As relações sociais entre membros de diferentes nacionalidades servindo na mesma unidade tornavam-se cada vez mais difíceis, para não dizer inviáveis. No final, porém, o sistema de informação funcionou. Era um sistema completamente formal, rígido, lógico, em que cada palavra tinha apenas um significado possível. Baseava-se num modelo de comunicação totalmente preestabelecido, de respostas específicas a determinados conjuntos de ondas sonoras. Esse exemplo, contudo, mostra também que a eficácia de um sistema de informação depende do interesse e da capacidade de pensar cuidadosamente sobre a necessidade de informação (por parte de quem e para que propósito) e da criação sistemática de comunicação entre as várias partes do sistema quanto ao significado de cada *input* e *output* específico. Em outras palavras, a eficácia depende da predefinição da comunicação.

d. A comunicação é mais eficaz quanto mais níveis de significação tiver e, portanto, quanto mais difícil for quantificá-la.

Os estetas medievais sustentavam que uma obra de arte comunica em vários níveis, no mínimo três, se não quatro: o literal, o metafórico, o alegórico e o simbólico. A obra de arte mais representativa dessa teoria na prática artística foi, sem dúvida, *A divina comédia*, de Dante. Se com informação queremos dizer algo que pode ser quantificado, o livro de Dante não tem nenhum conteúdo informativo. Todavia, é precisamente a ambiguidade, a multiplicidade dos possíveis níveis de leitura desse livro – que pode ser desde um conto de fadas até uma grande síntese da metafísica – que o torna uma obra de arte tão poderosa, de comunicação imediata com relação a várias gerações de leitores.

Em outras palavras, a comunicação pode não depender da informação. Aliás, os exemplos mais perfeitos de comunicação podem ser simples experiências compartilhadas, sem nenhum tipo de lógica presente. A primazia é da percepção, não da informação.

Sei muito bem que esse resumo do que aprendemos até agora é uma simplificação grosseira. Sei também que me esquivei de alguns assuntos muito discutidos na psicologia e no estudo da percepção. Aliás, posso ser acusado de deixar de lado a maior parte das questões que os estudantes de aprendizagem e percepção considerariam fundamentais.

Meu objetivo, entretanto, não era me debruçar sobre essas grandes questões. Minha preocupação não é com a aprendizagem ou a percepção, mas com a comunicação, principalmente a comunicação em grandes organizações, sejam empresas, entidades governamentais, universidades ou forças armadas.

Este resumo também pode ser criticado por ser banal ou óbvio demais. "Grandes novidades!", exclamarão alguns. "Quem não sabe isso?" Seja esse o caso ou não, não é o que todo mundo faz. Pelo contrário, as implicações lógicas das afirmações aparentemente simples e óbvias sobre comunicação nas organizações apresentadas aqui contradizem a prática atual e, na verdade, contestam a validade dos grandes esforços de comunicação que empreendemos há tantas décadas.

O que, então, nosso conhecimento e nossa experiência podem nos ensinar a respeito da comunicação nas organizações, dos motivos de nossos fracassos e dos pré-requisitos para o sucesso no futuro?

1. Por vários séculos, insistimos na comunicação de cima para baixo, que não tem como dar certo, por mais que tentemos. Não tem como dar certo, primeiro, porque esse tipo de comunicação concentra-se no que nós queremos dizer. Em outras palavras, parte do princípio de que é o emissor quem comunica. Mas sabemos que ele só emite. A comunicação depende do receptor. O que tentamos fazer até hoje é trabalhar no emissor – especificamente gerentes, administradores, comandantes – para que eles fossem melhores comunicadores. Mas tudo o que se pode comunicar de cima para baixo são comandos, ou seja, sinais predeterminados. Não é possível comunicar nenhum tipo de aprendizagem, muito menos motivação. Para isso, precisamos da comunicação de baixo para cima: daqueles que percebem para aqueles que querem alcançar sua percepção.

Isso não significa que os administradores devam parar de trabalhar na clareza do que dizem ou escrevem. De jeito nenhum. Mas significa que a forma de dizer alguma coisa só importa depois de aprendermos o que dizer. E isso não tem como ser aprendido somente com a prática, "vai lá e fala", por mais prática que se tenha. As "cartas para os funcionários", por mais bem escritas que sejam, serão um desperdício de energia se a pessoa que as escrever não souber o que os funcionários são capazes de perceber, o que eles esperam perceber e o que desejam fazer. Serão pura perda de tempo se não forem baseadas na percepção do receptor e não do emissor.

2. "Ouvir", entretanto, também não ajuda. A escola de recursos humanos de Elton Mayo reconheceu o fracasso da abordagem tradicional de comunicação há 40 anos. A questão – de acordo com os dois livros famosos de Mayo, *The Human Problems of an Industrial Civilization* (2ª edição, Boston: Harvard University, 1946) e *The Social Problems of an Industrial Civilization* (Boston: Harvard University, 1945) – era a imposição da escuta. Em vez de começar com o que eu, o diretor, quero transmitir, devo descobrir primeiro o que meus subordinados querem saber, o que lhes interessa, ou seja, em relação a que assunto eles são receptivos. Até hoje, a prescrição da área de relações humanas, embora raramente praticada, é a fórmula clássica.

Evidentemente, para haver comunicação tem de haver escuta, mas só isso não basta. Talvez a razão pela qual o método não esteja sendo tão utilizado, apesar da popularidade de seu slogan, seja justamente esta: ele nunca funcionou. A escuta parte do princípio de que o superior entenderá o que lhe dizem. Em outras palavras, que os subordinados serão capazes de comunicar. Mas por que os subordinados deveriam conseguir fazer algo que seus superiores não conseguem? Na verdade, esse princípio não se sustenta. Não há motivo para acreditar que a escuta gera menos mal-entendidos e problemas de comunicação do que a fala. Além disso, a teoria da escuta não leva em consideração o fato de que comunicação é envolvimento, ignorando os desejos, preferências, aspirações e valores dos subordinados. Talvez explique os mal-entendidos, mas não serve de base para a compreensão.

Isso não significa dizer que escutar seja mais errado do que lidar com a futilidade da comunicação de cima para baixo através de buscar escrever bem, de forma clara e simples, usando a linguagem de seu interlocutor em vez de seu próprio jargão. Aliás, o entendimento de que a comunicação deve acontecer de baixo para cima – isto é, que ela deve partir do receptor, não do emissor, segundo o conceito de escuta – é absolutamente vital. Mas a escuta é apenas o ponto de partida.

3. Mais quantidade e qualidade de informações não resolve o problema da comunicação, não preenche essa lacuna. Muito pelo contrário. Quanto maior o número de informações, maior a necessidade de uma comunicação eficaz. Em outras palavras, quanto maior a quantidade de informações, maior a lacuna de comunicação.

Quanto mais impessoal e formal for o processo de informação, mais ele dependerá de um acordo prévio a respeito de sentido e prática, isto é, de comunicação. Depois, quanto mais eficaz for esse processo, ou seja, quanto mais impessoal e formal ele se tornar, mais separará as pessoas, exigindo, portanto, esforços isolados – mas muito maiores – para restabelecer o relacionamento humano – a relação de comunicação. Pode-se dizer que a eficácia do processo de informação dependerá cada vez mais de nossa capacidade de comunicação e que, na ausência de uma comunicação eficaz – nossa realidade atual –, a revolução da informação não tem como produzir informações, apenas dados.

Pode-se dizer também – e isso talvez seja mais importante – que a eficácia de um sistema de informação dependerá, cada vez mais, de quanto os seres humanos são poupados da preocupação com as informações para poder se dedicar à comunicação. No caso dos computadores, por exemplo, sua eficácia estará diretamente relacionada a quanto tempo livre sobrará para os relacionamentos face a face.

Atualmente, é comum mensurar a eficácia de um computador pelo número de horas que ele executa programas durante o dia. Mas isso não mede a eficácia do computador. Mede apenas o *input*. A única medida de *output* é a relação entre a disponibilidade de informações e o tempo que sobra para outros trabalhos, ou seja, o quanto as informações nos possibilitam abrir mão do controle. A única forma de medir isso é calcular o tempo que sobra para o trabalho que somente seres humanos podem realizar – o trabalho da comunicação. De acordo com esse princípio, quase nenhum computador hoje em dia está sendo utilizado de modo apropriado. A maioria está sendo usada de forma incorreta, ou seja, para justificar mais horas tentando controlar informações, em vez de nos poupar do controle com a disponibilização de informações. O motivo disso, obviamente, é a falta de comunicação prévia – um acordo e uma decisão sobre a necessidade de informação, por parte de quem, para que propósito, com quais implicações operacionais. O motivo para o mau uso do computador é, por assim dizer, a falta de algo comparável ao *Armee Deutsch* do Exército Imperial Austríaco, ridicularizado naquela época, com suas 200 palavras de comando que até o recruta mais limitado aprendia em duas semanas.

Em outras palavras, a Explosão da Informação é a razão mais contundente para se trabalhar na comunicação. Aliás, a assustadora lacuna de comunicação – entre gerentes e funcionários, empresas e governo, universidades e alunos, produtores e consumidores etc. – reflete, em parte, o grande aumento do número de informações, sem aumento proporcional na comunicação.

Podemos, então, dizer algo construtivo sobre comunicação? Podemos fazer alguma coisa? Podemos dizer que a comunicação deve partir do receptor, não do emissor. No contexto das organizações tradicionais, temos de começar de baixo para cima. A comunicação de cima para baixo não funciona. Ela só pode funcionar *depois* que a comunicação de baixo para cima for estabelecida com sucesso. Esse tipo de comunicação é uma reação, não uma ação; é um resultado, não uma iniciativa.

Mas também podemos dizer que não é suficiente escutar. Primeiro, a comunicação de baixo para cima precisa estar focada em algo que tanto o receptor quanto o emissor sejam capazes de perceber, algo comum a ambos.

Segundo, deve concentrar-se na motivação do receptor, considerando, desde o início, seus valores, crenças e aspirações.

Um exemplo, só um exemplo: temos testemunhado resultados promissores no caso de comunicações empresariais que partem de um pedido do superior para que o subordinado reflita e lhe apresente suas próprias conclusões a respeito de qual a maior contribuição à empresa – ou a um departamento específico – que ele pode dar. O que o subordinado apresenta raramente é o que o superior espera. Aliás, o principal objetivo do exercício é justamente trazer à tona as diferenças de percepção entre superior e subordinado. Mas a percepção é focada, e em algo que faz sentido para ambos. Só o entendimento de que eles veem a mesma realidade de formas distintas já é comunicação.

Depois, segundo essa abordagem, o receptor da comunicação – nesse caso, o subordinado – tem acesso à experiência que lhe possibilita a compreensão, à realidade da tomada de decisões, aos problemas de priorização, à escolha entre o que desejamos fazer e o que a situação exige e, acima de tudo, à responsabilidade pelas decisões. Talvez o subordinado não veja a situação como o superior – na verdade, isso raramente acontece, e é bom que não aconteça mesmo. Mas ele pode chegar a entender a complexidade da situação do superior e o fato de que a complexidade não foi causada pelo superior mas é algo inerente à situação.

Por fim, a comunicação, mesmo se consistir em um "não" às conclusões do subordinado, está focada nos valores, aspirações e motivação do receptor. Aliás, ela parte de uma pergunta: "O que você *quer* fazer?" Pode ser que termine num comando: "É isso o que eu lhe digo para fazer", mas pelo menos obriga o superior a perceber que está ignorando o desejo do subordinado. O superior se vê forçado a dar uma explicação ou talvez até a convencer o subordinado. O importante é que ambos ficam sabendo que têm um problema.

Uma abordagem similar funcionou bem em outra situação empresarial na qual a comunicação geralmente está ausente: a avaliação de desempenho, principalmente a entrevista de avaliação. A avaliação de desempenho costuma seguir um padrão nas grandes organizações (exceto no Japão, onde a promoção e a remuneração baseiam-se no tempo de serviço, de modo que a avaliação de desempenho não tem muita função). Sabemos que a maioria das pessoas quer saber como anda o seu desempenho. Aliás, uma das queixas mais comuns dos empregados nas organizações é a falta de avaliação e de feedback quanto ao desempenho.

Os formulários de avaliação podem ser preenchidos, mas a entrevista de avaliação, em que o avaliador discute o desempenho dos avaliados, quase nunca é realizada. Excepcionalmente, algumas organizações consideram as avaliações de desempenho como uma ferramenta de comunicação e não apenas um mecanismo de classificação. Isso significa especificamente que a avaliação de desempenho parte da pergunta "O que essa pessoa fez bem?", depois "O que, portanto, ela deveria ser capaz de fazer bem?" e, por fim: "O que ela teria de aprender ou adquirir para ser capaz de aproveitar ao máximo suas capacidades e realizações?" Essa abordagem concentra-se, em princípio, numa realização específica, em coisas que o empregado consegue perceber sozinho, e com prazer. Concentra-se, também, em seus próprios valores, aspirações e desejos. Os pontos fracos, então, são vistos como limitações em relação ao que o empregado pode fazer bem e deseja fazer, não como defeitos. Na verdade, a conclusão adequada quanto a essa abordagem de avaliação não é a pergunta "O que o empregado deveria fazer?", mas "O que a organização e eu, como chefe, devemos fazer?", não "O que isso significa para o empregado?", mas "O que isso significa para nós dois, subordinado *e* superior?".

Esses são apenas exemplos, e bastante irrelevantes por sinal, mas que talvez apresentem conclusões relacionadas com nossa experiência de comunicação – geralmente experiência de fracasso – e com o trabalho de aprendizagem, memória, percepção e motivação.

O ponto de partida da comunicação nas organizações deve ser fazer o receptor tentar se comunicar. Isso requer um foco (a) na tarefa impessoal, mas comum, e (b) nos valores, realizações e aspirações do receptor. Também requer a experiência da responsabilidade.

A percepção é limitada pelo que pode ser percebido e orientada para o que esperamos perceber. Em outras palavras, a percepção pressupõe experiência. A comunicação dentro das organizações, portanto, pressupõe que os membros da organização tenham uma base de experiência para receber e perceber. Os artistas são capazes de transmitir essa experiência de forma simbólica: eles sabem comunicar o que leitores ou espectadores nunca experimentaram. No entanto, os gerentes, administradores e professores comuns não costumam ser artistas. Os receptores, então, precisam ter suas experiências por conta própria e de maneira direta, sem depender de símbolos indiretos.

A comunicação nas organizações exige que as massas, sejam funcionários ou alunos, participem o máximo possível da responsabilidade referente à tomada de decisões. As pessoas precisam entender por que passaram por determinado processo, não aceitar que lhes deem explicações.

Nunca vou me esquecer do líder do sindicato operário alemão, um socialista convicto, destruído em sua primeira exposição às deliberações do conselho supervisor de uma grande empresa à qual tinha sido eleito como funcionário. Que a quantidade de dinheiro disponível fosse limitada, que houvesse pouquíssimo dinheiro disponível e que, aliás, esse dinheiro não desse para atender a todas as demandas existentes foi uma surpresa. Mas a angústia e a complexidade relacionadas às decisões entre diversos investimentos – por exemplo, modernizar a planta para salvaguardar o trabalho dos empregados ou construir casas para garantir a saúde dos trabalhadores e de sua família – eram uma experiência muito pior e algo totalmente inesperado. Porém, contou-me ele um tanto encabulado e triste, o maior choque foi perceber que tudo o que considerava importante mostrara-se irrelevante nas decisões das quais fazia parte ativa. E ele não era um homem ignorante ou dogmático. Era apenas inexperiente – e, portanto, inacessível em termos de comunicação.

A defesa tradicional do paternalismo sempre se baseou na ideia de que "estamos num mundo complexo, que precisa de especialistas, de quem sabe mais". O paternalismo, contudo – como nosso trabalho sobre percepção, aprendizagem e motivação está começando a demonstrar – só pode funcionar num mundo simples. Quando as pessoas entenderem o que o papa faz porque compartilham de suas experiências e percepção, o papa poderá realmente tomar decisões para elas. Num mundo complexo, existe a necessidade de uma experiência compartilhada quanto às decisões, caso contrário não haverá percepção comum, comunicação e, portanto, aceitação das decisões e capacidade de colocá-las em prática. A capacidade de compreensão pressupõe uma comunicação prévia, um acordo referente ao significado.

Em suma, não haverá comunicação se ela for concebida no formato "eu" para "vós". A comunicação só funciona no formato "eu, membro de um todo" para "você, membro da mesma totalidade". A comunicação nas organizações – e essa deve ser a verdadeira lição do fracasso de nossa comunicação e a verdadeira medida de nossa necessidade de comunicação – não é um *meio* de organização, mas um *modo*.

CAPÍTULO 2

O novo papel da administração*

AS GRANDES PREMISSAS em que tanto a teoria quanto a prática de administração se basearam nos últimos 50 anos estão se tornando rapidamente inadequadas. Algumas dessas premissas já não se sustentam e passaram a ser obsoletas. Outras, embora ainda aplicáveis, são inapropriadas, pois tratam do que é secundário, inferior, excepcional, em vez de se concentrar no que é primário, dominante, a função e a realidade primordial da administração. Mesmo assim, a maioria dos profissionais de administração, tanto praticantes quanto teóricos, ainda as considera como base.

Em grande parte, a obsolescência e a inadequação dessas supostas realidades da administração refletem seu sucesso porque a administração foi a história de sucesso *par excellence* nestes últimos 50 anos – mais do que a ciência. Acima disso, porém, as premissas tradicionais dos estudiosos e profissionais de administração estão sendo substituídas por iniciativas independentes – ou pelo menos parcialmente dependentes – na sociedade, na economia e na visão de mundo de nossa época, sobretudo nos países desenvolvidos. Em grande medida, a realidade objetiva está mudando em torno do administrador e de maneira rápida.

---

* Discurso proferido no 15º Congresso de Administração Internacional CIOS, Tóquio, Japão, 5 de novembro de 1969.

Os administradores estão bastante conscientes dos novos conceitos e das novas ferramentas de administração, dos novos conceitos de organização, por exemplo, ou da "revolução da informação". Essas mudanças dentro da administração, aliás, são muito importantes. No entanto, mais importante ainda é a mudança na realidade em si e seu impacto nas premissas fundamentais por trás da administração como disciplina e prática. As mudanças nos conceitos e ferramentas gerenciais obrigarão os administradores a mudar seu comportamento. As mudanças na realidade, porém, exigem uma mudança na função da administração. As mudanças nos conceitos e ferramentas significam mudanças no *trabalho* do administrador e no *modo* de realizar esse trabalho. A mudança na função da administração significa uma mudança na *essência* do administrador.

As velhas premissas

Seis premissas formaram a base da teoria e da prática de administração na última metade deste século. Evidentemente, poucos profissionais de administração tinham consciência disso. De modo geral, nem os estudiosos do assunto conseguiram explicá-las claramente. Mesmo assim, praticantes e teóricos sempre basearam suas ações e teorias nessas premissas, tratando-as como axiomas indiscutíveis.

As velhas premissas estão relacionadas

- ao escopo,
- à tarefa,
- à posição e
- à natureza da administração.

Premissa 1: Administração é administração empresarial, e as empresas são assunto exclusivo e exceção na sociedade.

Essa premissa é sustentada de forma subconsciente, não consciente. Está, contudo, totalmente entranhada em nossa visão de sociedade, sejamos "de direita" ou "de esquerda", "conservadores", "liberais" ou "radicais", "capitalistas" ou "comunistas": a visão da teoria social europeia (francesa e inglesa) do século XVII, que prevê uma sociedade com apenas um poder central organizado, o governo nacional, supostamente soberano, apesar de limitado em essência, e o resto da sociedade composto basicamente de moléculas sociais de famílias individuais. As empresas, dentro dessa visão, são tidas como a única exceção, as únicas instituições organizadas. A administração, portanto, é vista como algo restrito a uma instituição isolada, atípica e especial na esfera econômica, isto é, às empresas comerciais. A natureza e as características da administração na visão tradicional estão, desse modo, bastante vinculadas à natureza e às características das atividades econômicas. A pessoa "nasceu para a administração" se "nasceu para os negócios", e vice-versa. E, de alguma forma, de acordo com essa visão, a atividade econômica é algo muito diferente de todas as outras preocupações humanas – a ponto de ter se popularizado a expressão "preocupação econômica", em vez de "preocupação humana".

Premissa 2: As "responsabilidades sociais" da administração, isto é, os assuntos que não podem ser incluídos nos cálculos econômicos, são restrições e limitações impostas, não objetivos e tarefas gerenciais. Elas devem ser desconsideradas fora do âmbito empresarial e da rotina diária dos gerentes. Ao mesmo tempo, e como as empresas são consideradas a única exceção, só elas têm responsabilidades sociais. Aliás, a expressão comum é "as responsabilidades sociais das empresas". Universidades, hospitais e entidades governamentais, na visão tradicional, supostamente não têm nenhuma responsabilidade social.

Essa visão decorre diretamente da crença de que a empresa comercial é a única exceção à regra. Universidades e hospitais supostamente não têm responsabilidade social porque não estão incluídos no campo de ação da visão tradicional, ou seja, não são vistos como "organizações". Além disso, a visão tradicional de uma responsabilidade social peculiar e restrita às empresas baseia-se na premissa de que a atividade econômica difere radicalmente das outras atividades humanas (isso quando é considerada uma atividade humana "normal") e que o "lucro" é algo alheio ao processo econômico, uma imposição do "capitalismo", e não uma necessidade intrínseca de qualquer atividade econômica.

Premissa 3: A principal tarefa da administração, se não a única, é mobilizar a energia da organização empresarial para a realização de tarefas conhecidas e predefinidas. Os verdadeiros testes são eficiência no que já está sendo feito e adaptação a mudanças externas. O empreendedorismo e a inovação – exceto a pesquisa sistemática – não estão incluídos no âmbito da administração.

Em grande parte, essa premissa foi uma necessidade na última metade do século. A novidade não era o empreendedorismo e a inovação, com os quais os países desenvolvidos estavam acostumados há centenas de anos. A novidade do mundo de 1900, época em que surgiu o interesse pelo assunto da administração, eram as organizações grandes e complexas, voltadas para a produção e distribuição de produtos, com as quais os sistemas de administração tradicionais, fossem de fábricas ou de lojas, não tinham como lidar. O advento da locomotiva a vapor não foi o que impulsionou a preocupação com a administração, mas o surgimento (há 50 anos) das grandes empresas ferroviárias, que sabiam lidar com o negócio de locomotivas a vapor sem maiores problemas, mas estavam desnorteadas em relação à coordenação de pessoal, à comunicação entre as pessoas e à questão de hierarquia e responsabilidades.

Entretanto, o foco no lado gerencial da administração – a ponto de quase desconsiderar o empreendedorismo como uma função da administração – também reflete a realidade da economia na metade do século após a Primeira Guerra Mundial, que foi um período de grandes avanços tecnológicos e empresariais, um período que exigia adaptação, não inovação, e capacidade de fazer melhor, não coragem de fazer diferente.*

A longa e dura resistência contra a administração por parte do Unternehmer *(empreendedor) alemão ou do* patron *(empregador) francês reflete, em*

---

* Conforme documentado com mais detalhes em meu livro *Uma era de descontinuidade.*

grande medida, uma distorção linguística. Não existe uma palavra perfeita para administração *em alemão ou francês, assim como não há uma palavra em inglês para a palavra francesa* entrepreneur *(empreendedor), que continua sendo usada como palavra estrangeira há quase 200 anos no mundo anglófono. Essa resistência decorre, em parte, de peculiaridades da estrutura econômica, isto é, do papel dos bancos comerciais da Alemanha, que faz os industrialistas, preocupados com sua autonomia, enfatizarem o "carisma" do* Unternehmer *em detrimento do profissionalismo impessoal do "administrador". Outra questão também é que a "administração" não pertence a uma classe específica, e sua autoridade baseia-se numa função objetiva, não na propriedade ou numa classe social, como no caso do* Unternehmer *alemão ou do* patron *francês. Mas certamente um dos principais motivos para a resistência contra a "administração" – como termo e como conceito – no continente europeu é a ênfase – em grande parte subconsciente – na tarefa gerencial interna, em oposição à função da inovação empresarial externa.*

Premissa 4: O trabalhador manual – especializado ou não – é o que preocupa a administração como recurso, como centro de custo e como problema social e individual.

Fazer o trabalhador manual se tornar produtivo foi, na verdade, a maior realização da administração até esta data. A "administração científica" de Frederick Winslow Taylor é muito atacada atualmente (embora, na maior parte dos casos, por pessoas que não leram Taylor). Porém, sua insistência em estudar o trabalho é o que explica a riqueza dos países desenvolvidos de hoje; graças a isso, a produtividade do trabalhador manual aumentou tanto que o "trabalhador braçal" do passado – um proletário condenado a uma renda que mal dava para sua subsistência, por conta da "lei de ferro dos salários", e à total incerteza profissional no dia a dia – tornou-se o "trabalhador semiqualificado" das indústrias de produção de massa do presente, com um padrão de vida de classe média e emprego garantido ou segurança salarial. E Taylor, com isso, descobriu a solução para o impasse aparentemente insolúvel da "guerra de classes" do século XIX entre a "exploração capitalista" da mão de obra proletária e a "ditadura do proletariado".

Na época da Segunda Guerra Mundial, a principal preocupação ainda era a produtividade e a administração do trabalho manual. A principal façanha das economias de guerra britânica e americana foi a mobilização, o treinamento e a administração dos trabalhadores de produção em grande escala. Mesmo no período pós-guerra, uma grande realização – em todos os países desenvolvidos, exceto na Grã-Bretanha – foi a rápida conversão dos imigrantes agrícolas em trabalhadores industriais produtivos. Em grande parte, esse feito – viabilizado somente por causa da "administração científica" apresentada por Taylor há 70 anos – foi o que possibilitou o crescimento e o desempenho econômico do Japão, da Europa ocidental e até dos Estados Unidos.

Premissa 5: A administração é uma "ciência" ou, no mínimo, uma "disciplina", isto é, algo que independe de valores culturais e crenças pessoais, assim como as operações da aritmética, as leis da física ou as tabelas de engenharia. No entanto, toda administração é praticada dentro de um contexto diferente e, portanto, está sujeita a uma cultura específica, uma constituição preestabelecida e uma economia determinada.

Essas duas proposições eram tão óbvias para Taylor nos Estados Unidos como para Fayol na França. De todas as autoridades anteriores no âmbito da administração, apenas Rathenau na Alemanha parece ter duvidado de que a administração fosse algo "objetivo", isto é, independente de cultura – e ninguém lhe deu ouvidos. A escola de Relações Humanas acusou Taylor de "não científico", mas sem contestar a premissa de que havia uma "ciência" objetiva de administração. Ao contrário, atribuíram as descobertas de Taylor a uma "verdadeira" psicologia científica, fundamentada na "natureza do homem", recusando-se a considerar o trabalho de seus próprios colegas das ciências sociais, os antropólogos culturais. Nas premissas tradicionais de administração, os fatores culturais eram tidos como "obstáculos". É uma questão quase axiomática na área de administração que o desenvolvimento social e econômico requeira o abandono da postura "não científica", isto é, das crenças, valores e costumes culturais tradicionais. Os russos, por exemplo, em sua abordagem frente ao desenvolvimento chinês no domínio de Stalin, não diferem em nada dos americanos e dos alemães no que diz respeito a essa premissa. No entanto, quem garante que ela não passa de estreiteza ocidental e egocentrismo cultural deveria dar uma olhada no desenvolvimento do Japão.

Ao mesmo tempo, a teoria e a prática de administração viram no Estado nacional e em sua economia o habitat "natural" das organizações empresariais – como aconteceu (e ainda acontece), claro, no caso de nossa teoria econômica, legal e política.

Premissa 6: A administração é o resultado do desenvolvimento econômico.

Essa foi, evidentemente, a experiência histórica do Oriente (menos do Japão, onde grandes organizadores, como Mitsui, Iwasaki, Shibusawa, vieram primeiro e onde o desenvolvimento econômico foi, indubitavelmente, resultado da administração). Mas, mesmo no Ocidente, a explicação tradicional do surgimento da administração era, em grande parte, um mito. Conforme constava (e ainda consta) nos compêndios sobre o assunto, a administração passou a existir quando as pequenas empresas cresceram, superando o dono que havia feito tudo sozinho. Na realidade, a administração evoluiu em empresas que já começaram grandes e nunca poderiam ter sido pequenas – as empresas ferroviárias, principalmente, mas também os correios, as empresas de navios a vapor, as usinas siderúrgicas e as lojas de departamentos. Nos setores em que se podia começar pequeno, a administração surgiu muito tarde. Em alguns desses setores, como o de fábricas têxteis e o bancário, ainda é comum ver o modelo de "um chefe" que faz tudo, com "ajudantes", na melhor das hipóteses. Mas, mesmo onde isso foi visto – e Fayol, assim como Rathenau, aparentemente percebeu que a administração era uma função e não um estágio –, a administração era considerada como um resultado, não uma causa, uma resposta frente a uma necessidade, não uma oportunidade.

Tenho plena consciência de que simplifiquei à beça o assunto – talvez até demais, mas estou certo de que não deturpei nossas premissas tradicionais. Também estou certo de que não me enganei quanto ao fato de que essas premissas, de uma maneira ou de outra, ainda permeiam tanto a teoria quanto a prática da administração, sobretudo nos países industrialmente desenvolvidos.

E as novas realidades

Hoje precisamos de premissas bastante diferentes. Apresento-as aqui de modo também simplificado, claro, porém muito mais próximas da realidade atual do que as premissas em que a teoria e a prática de administração se basearam nos últimos 50 anos.

Eis uma primeira tentativa de formular premissas que correspondam à realidade da administração na nossa época.

Premissa 1: Todas as grandes missões das sociedades desenvolvidas estão sendo levadas adiante por instituições organizadas e administradas. A organização empresarial foi apenas a primeira delas, tornando-se, portanto, o modelo de instituição por acidente histórico. No entanto, embora tenha um trabalho específico – a produção e a distribuição de bens e serviços econômicos –, não é a única. As organizações de grande porte são a regra, não a exceção. Nossa sociedade compõe-se de organizações pluralistas, não de uma difusão de unidades familiares. E a administração, em vez da peculiaridade isolada de uma única exceção – a organização empresarial – é algo genérico e a função social central da nossa sociedade.*

> *Um livro recente, muito interessante,*** *afirma que a administração é uma forma de governo, atribuindo-lhe os insights clássicos de Maquiavel. Mas essa não é uma ideia realmente nova. Muito pelo contrário. Essa visão já estava presente num livro bastante lido, publicado em 1941 –* The Managerial Revolution, *de James Burnham (embora Burnham atribuísse Marx, não Maquiavel, à administração). O assunto foi analisado com certa profundidade em três livros meus –* The Future of Industrial Man *(1942),* Concept of the Corporation*** *(1946) e* The New Society *(1950). Justice Brandeis já sabia bem disso antes da Primeira Guerra Mundial, quando cunhou a expressão "administração científica" para os estudos de Frederick Taylor sobre trabalho*

---

* Para saber mais sobre esse novo pluralismo, leia *Uma era de descontinuidade*, principalmente a Parte III.
** Anthony Jay: *Management and Machiavelli* (Londres: Hodder and Stoughton, 1967).
*** Publicado no Reino Unido como *Big Business*.

manual. A ideia de que as organizações empresariais são uma forma de governo também era bastante óbvia para toda a tradição da economia institucional americana desde John R. Commons, ou seja, a partir da virada do século. Do outro lado do Atlântico, Walter Rathenau viu a mesma coisa com clareza muito antes de 1920.

A novidade, entretanto, é que as instituições não comerciais recorrem cada vez mais à administração empresarial para aprender a administrar a si mesmas. Os hospitais, as forças armadas, as dioceses católicas, o serviço público – todos querem aprender administração empresarial. E, embora o primeiro governo trabalhista britânico pós-guerra tenha nacionalizado o Banco da Inglaterra para impedir que ele fosse administrado como empresa, em 1968 o governo trabalhista seguinte contratou uma grande firma americana de consultoria em administração (McKinsey & Company) para reestruturar o Banco da Inglaterra nos moldes de uma administração empresarial.

Isso não significa que a administração empresarial possa ser transferida a outras instituições não comerciais. Ao contrário, a primeira coisa que essas instituições devem aprender da administração empresarial é que a administração começa com a definição de objetivos e que, portanto, as instituições não comerciais, como universidades ou hospitais, precisarão de uma forma de administração muito diferente da administração empresarial. Mas essas instituições estão certas em ver nesse tipo de administração o modelo. O que fizemos em relação à administração das empresas teremos de fazer cada vez mais no caso das outras instituições, inclusive as entidades governamentais. A empresa comercial não é a exceção, mas apenas a primeira das espécies, por assim dizer, que estudamos com mais afinco. E a administração é algo genérico, não excepcional.

Na verdade, o que sempre pareceu ser a característica mais peculiar da administração empresarial, a saber, a mensuração dos resultados em termos econômicos, isto é, em termos de rentabilidade, agora emerge como o modelo daquilo que todas as instituições precisam: uma forma de mensuração objetiva da alocação de recursos relacionada a resultados e da racionalidade das decisões gerenciais. As instituições sem fins econômicos precisam de um parâmetro que lhes sirva como a lucratividade no caso das empresas comerciais – isso é o que explica a tentativa de Robert McNamara, como secretário de Defesa dos Estados Unidos, de introduzir a "eficácia em termos de custo" no governo e de ter como base das decisões orçamentárias e políticas mensurações planejadas e constantes dos programas, comparando expectativas e resultados. Em outras palavras, a "lucratividade", em vez de ser uma "exceção" e algo diferente das outras necessidades "humanas" e "sociais", surge, na sociedade pluralista das organizações, como o modelo de mensuração que toda instituição precisa para ser administrada e administrável.*

Premissa 2: Como nossa sociedade está rapidamente se tornando uma sociedade de organizações, todas as instituições, incluindo as empresas, terão de se responsabilizar pela "qualidade de vida" e pelos valores sociais, crenças e propósitos básicos dos seres humanos, o que passará a ser o objetivo de suas atividades diárias, não uma questão de "responsabilidade social" limitante ou algo alheio a suas funções cotidianas. Elas terão de aprender a transformar a "qualidade de vida" numa oportunidade dentro de suas principais tarefas. No caso das organizações empresariais, isso significa que a conquista da "qualidade de vida" terá de ser, cada vez mais, considerada como uma oportunidade de negócio e terá de ser convertida pela administração em rentabilidade.

Isso valerá de modo progressivo para a satisfação do indivíduo. Hoje em dia, as organizações representam nosso meio social mais visível. A família é algo "privado", não uma "comunidade", o que não a torna menos importante. A "comunidade" está cada vez mais presente nas organizações, principalmente naquelas em que os indivíduos encontram seu meio de vida, acesso à função, realização e status social (sobre esse assunto, leia meu livro The New Society *[Londres, 1950). O trabalho da administração será, cada vez mais, fazer os valores e as aspirações do indivíduo resultarem em energia e desempenho organizacional. Não será suficiente contentar-se – como aconteceu no caso das relações industriais e até mesmo das relações humanas – com "satisfação", isto é, com*

---

* Evidentemente, isso também explica o rápido retorno ao lucro e à lucratividade como parâmetros e determinantes de decisões de alocação de recursos nos países comunistas desenvolvidos, isto é, a Rússia e os satélites europeus.

ausência de insatisfação. Talvez uma forma de dramatizar isso seja dizer que, daqui a 10 anos, estaremos menos preocupados com "o desenvolvimento da administração" como meio de ajustar os indivíduos às demandas das organizações do que com o "desenvolvimento das organizações" para ajustar as organizações às necessidades, aspirações e potenciais dos indivíduos.

Premissa 3: A inovação empresarial será tão importante para a administração como a função gerencial, tanto nos países desenvolvidos quanto nos países em desenvolvimento. Aliás, a inovação empresarial pode ganhar importância nos próximos anos. Ao contrário do que aconteceu no século XIX, contudo, a inovação empresarial terá de ser, cada vez mais, responsabilidade das instituições existentes, como as empresas atuais. Por conta disso, não será mais possível considerá-la como um elemento alheio à administração. A inovação empresarial terá de se tornar o núcleo, o aspecto central da administração.

Tudo leva a crer* que nas últimas décadas do século XX testemunharemos mudanças tão rápidas quanto as que caracterizaram os 50 anos entre 1860 e 1914, época em que uma nova grande invenção, prenúncio quase imediato de um novo grande setor com novas empresas grandes, aparecia em cena a cada dois ou três anos. Ao contrário do século passado, porém, as inovações do nosso século serão tanto sociais quanto técnicas. Uma metrópole, por exemplo, é um desafio para o inovador atual na mesma proporção que a eletricidade era para o inventor da década de 1870. E, à diferença do último século, a inovação neste século terá como base o conhecimento geral, não apenas o conhecimento científico.

Ao mesmo tempo, a inovação terá de ser canalizada cada vez mais pelas empresas existentes, nem que seja só porque as leis tributárias dos países desenvolvidos geram capital, sobretudo devido às atividades empresariais. E a inovação depende muito de capital, principalmente em duas fases cruciais: a fase de desenvolvimento e a fase de introdução de produtos, processo e serviços no mercado. Teremos de aprender, portanto, a fazer as organizações serem capazes de inovar de modo contínuo e acelerado. A distância que estamos dessa meta

---

* Para mais informações, ver *Uma era de descontinuidade.*

é comprovada pelo fato de que os administradores ainda se preocupam com a "resistência à mudança". As organizações atuais terão de aprender a buscar a mudança como oportunidade, resistindo à continuidade.

Premissa 4: Uma missão primordial da administração nos países desenvolvidos nas próximas décadas será, cada vez mais, tornar o conhecimento produtivo. Trabalhador manual é "coisa do passado" – e tudo o que podemos combater nessa frente são medidas reacionárias. A fonte básica de capital, o investimento fundamental (mas também o centro de custo de uma economia desenvolvida) é o trabalhador do conhecimento, que coloca em prática o que estudou de modo sistemático, isto é, conceitos, ideias e teorias, não o sujeito que só tem a oferecer suas habilidades manuais ou força braçal.

Taylor utiliza o conhecimento para tornar o trabalhador manual produtivo, mas ele próprio nunca se perguntou: "O que constitui a 'produtividade' de um engenheiro industrial que aplica a 'administração científica'?" Como resultado do trabalho de Taylor, podemos responder o que é produtividade em relação ao trabalhador manual, mas ainda não temos como responder o que é produtividade em relação ao engenheiro industrial ou qualquer outro trabalhador do conhecimento. Sem dúvida, as mensurações de produtividade do trabalhador manual, como o número de peças produzidas por hora ou por real de salário, são bastante irrelevantes no caso do trabalhador do conhecimento. Existem poucas coisas mais inúteis e improdutivas do que um departamento de projeto de produto, que com grande presteza, dedicação e elegância realiza os desenhos de um produto invendável. Em outras palavras, a produtividade em relação ao trabalhador do conhecimento é, acima de tudo, qualidade. Ainda não sabemos nem defini-la.

Uma coisa é certa: tornar o conhecimento produtivo provocará mudanças radicais na estrutura do trabalho, nas carreiras e nas organizações, tão radicais quanto as mudanças nas fábricas resultantes da aplicação da administração científica ao trabalhador manual. O primeiro emprego, mais do que tudo, terá de ser radicalmente modificado para que o trabalhador do conhecimento possa se tornar produtivo. Porque é óbvio que o conhecimento não tem como ser produtivo se o trabalhador do conhecimento não souber quem ele é, para que tipo de trabalho ele foi feito e de que maneira ele rende mais. Em outras palavras, não há como separar "planejamento" e "ação" no caso do trabalhador do conhecimento. Ao contrário, o trabalhador do conhecimento deve ser capaz de "planejar" sozinho, e isso os primeiros empregos atuais, de modo geral, não têm como oferecer. Esses empregos baseiam-se na premissa – válida para o trabalho manual, mas totalmente inapropriada para o trabalho com conhecimento técnico – de que um não especialista pode determinar objetivamente "a melhor maneira" de realizar qualquer trabalho. No caso do trabalho com conhecimento técnico, isso não é verdade. Pode haver "uma maneira melhor", mas essa maneira é totalmente condicionada pelo indivíduo – não é determinada pelas características físicas, ou até mentais, do trabalho. Está vinculada a questões de temperamento.

Premissa 5: Existem ferramentas e técnicas de administração. Existem conceitos e princípios de administração. Existe uma linguagem comum de administração. E deve haver, inclusive, uma "disciplina" universal de administração. Certamente, existe uma função genérica mundial que podemos chamar de administração e que serve ao mesmo propósito em qualquer sociedade desenvolvida. Mas a administração também é uma cultura e um sistema de valores e crenças. É também o meio pelo qual determinada sociedade pode ser considerada a ponte entre uma "civilização" que está rapidamente se tornando mundial e uma "cultura" que expressa diferentes tradições, valores, crenças e heranças. A administração, na verdade, deve ser um instrumento capaz de valer-se da diversidade cultural para atender aos propósitos comuns da humanidade. Ao mesmo tempo, a administração está sendo praticada cada vez menos dentro dos limites de uma única cultura, lei ou soberania. A administração passou a ser uma prática "multinacional". Aliás, a administração está se tornando a instituição – até agora, a única – de uma verdadeira economia mundial.

A administração, agora sabemos, precisa tornar produtivos os valores, aspirações e tradições de indivíduos, comunidade e sociedade com um propósito de produção comum. Em outras palavras, se os administradores não conseguirem utilizar a herança cultural específica de um país e um povo, o desenvolvimento social e econômico não tem como acontecer. Essa é, evidentemente, a grande lição do Japão – e o fato de o Japão ter conseguido, há um século, utilizar as próprias tradições de comunidade e valores humanos em nome do novo objetivo de se criar um Estado industrializado moderno explica por que o Japão teve sucesso enquanto todos os outros países não ocidentais fracassaram até agora. Ou seja, a administração terá de ser considerada como ciência e como questão humanitária, como o enunciado de descobertas que podem ser objetivamente testadas e validadas e como um sistema de crenças e experiência.

Ao mesmo tempo, a administração – e aqui estamos falando, por enquanto, apenas da administração empresarial – está se apresentando como a única instituição comum a todos que transcende as fronteiras do Estado nacional. Ainda não existe realmente uma empresa multinacional. O que temos, de modo geral, são empresas sediadas num determinado país, com uma cultura específica e uma única nacionalidade, principalmente na alta administração. Mas também está ficando evidente que isso é um fenômeno de transição e que o desenvolvimento contínuo da economia mundial requer e gera verdadeiras empresas multinacionais, em que não somente o setor de produção e vendas é multinacional, mas o controle acionário e a administração também – de cima para baixo.

Dentro dos países, sobretudo nos países desenvolvidos, as empresas estão perdendo rapidamente seu status de exceção à medida que reconhecemos que elas representam o modelo do formato social universal, a instituição organizada que requer administração. Além das fronteiras nacionais, porém, as empresas estão adquirindo o mesmo status há muito perdido dentro de seu país, tornando-se as únicas instituições que expressam a realidade de uma economia mundial e de uma sociedade global de conhecimento.

Premissa 6: A administração gera desenvolvimento econômico e social. O desenvolvimento econômico e social é o *resultado* da administração.

Podemos dizer, sem medo de simplificar demais, que não existem "países subdesenvolvidos". Existem apenas "países subadministrados". O Japão, há 100 anos, era um país subdesenvolvido em todos os sentidos, mas rapidamente desenvolveu administração de grande competência – aliás, com excelência. Em 25 anos, o Japão de Meiji tornou-se um país desenvolvido e, em alguns aspectos, como a alfabetização, o país mais desenvolvido de todos. Chegamos à conclusão, hoje em dia, de que o Japão de Meiji, não a Inglaterra do século XVIII – ou a Alemanha do século XIX – é que deve ser o modelo de desenvolvimento para o mundo subdesenvolvido. Isso significa que a administração é a máquina motriz e que o desenvolvimento é uma consequência.

Toda a nossa experiência na área de desenvolvimento econômico comprova isso. Onde contribuímos apenas com o "fator de produção" econômico, principalmente capital, não alcançamos desenvolvimento. Nos poucos casos em que fomos capazes de gerar energia de administração (por exemplo, no Vale do Cauca, na Colômbia*), conseguimos rápido desenvolvimento. Em outras palavras, o desenvolvimento está relacionado à energia humana, não à riqueza econômica. E a criação e direção da energia humana é responsabilidade da administração.

Admito que essas novas premissas também estão simplificadas. Essa era a intenção. Estou certo de que elas são guias para uma administração eficiente nos países desenvolvidos hoje – e amanhã mais ainda –, melhores do que as premissas em que baseamos nossas teorias e práticas nesses últimos 50 anos. Não abandonaremos as antigas tarefas. Obviamente, ainda temos de administrar as empresas existentes e criar ordem e organização interna. Ainda temos de lidar com o trabalhador manual e torná-lo produtivo. E quem conhece a realidade da administração dificilmente afirmará que já sabemos tudo a respeito dessas áreas. De forma alguma. No entanto, os grandes trabalhos que carecem de administração hoje em dia, as grandes missões que requerem novas teorias e novas práticas surgem a partir das novas realidades e exigem diferentes premissas e abordagens.

Mais importante ainda do que as novas missões, contudo, talvez seja o novo papel da administração. A administração está se tornando rapidamente o recurso central dos países desenvolvidos e a necessidade básica dos países em desenvolvimento. Deixando de ser uma preocupação exclusiva de um país específico, as instituições econômicas da sociedade, a administração e os administradores estão se transformando nos órgãos constitutivos, genéricos, diferenciados da sociedade desenvolvida. O que a administração é e o que os

---

* Para mais informações, ver *Uma era de descontinuidade*.

administradores fazem será, portanto – e devidamente – cada vez mais uma questão de interesse público, não um assunto para "especialistas". A administração se preocupará com a expressão das crenças e valores básicos dos seres humanos na mesma medida em que se preocupa com a obtenção de resultados mensuráveis. Os administradores lutarão pela qualidade de vida da sociedade tanto quanto lutam pelo padrão de vida.

Existem muitas novas ferramentas de administração, cujo uso teremos de aprender, e muitas novas técnicas. Existe, como vimos neste ensaio, grande número de dificuldades novas. Entretanto, a mudança mais importante que a administração tem pela frente é que, cada vez mais, as aspirações, os valores, aliás a própria sobrevivência da sociedade nos países desenvolvidos, dependerão do desempenho, da competência, da sinceridade e dos valores de seus administradores. A missão da próxima geração é torná-las produtivas, para indivíduos, comunidade e sociedade, as novas instituições organizadas de nosso novo pluralismo. E essa é, acima de tudo, a missão da administração.

CAPÍTULO 3

Trabalho e ferramentas*

O HOMEM, DE TODOS OS ANIMAIS, é o único capaz de evoluir por decisão própria, de modo não orgânico; ele constrói ferramentas. Essa observação de Alfred Russell Wallace, cocriador, junto com Darwin, da teoria da evolução, pode parecer óbvia, até banal, mas esconde uma verdade bastante profunda. E, apesar de já terem se passado 70-80 anos desde então, suas implicações ainda são motivo de reflexão por parte de biólogos e tecnólogos.

Uma dessas implicações é que, do ponto de vista biológico (ou histórico), a identificação tecnológica de ferramenta com artefato material é um tanto arbitrária. A linguagem também é uma ferramenta, assim como todos os conceitos abstratos. Isso não significa que a definição tecnológica deva ser descartada, afinal todas as disciplinas humanas baseiam-se em definições igualmente arbitrárias. Mas os tecnólogos devem estar cientes da artificialidade de sua definição, tomando cuidado para que ela não se torne uma barreira, em vez de um incentivo, ao conhecimento e à compreensão.

Tal questão é particularmente relevante para a história da tecnologia, a meu ver. De acordo com a definição tecnológica de "ferramenta", o ábaco e o compasso geralmente são considerados tecnologia, mas a tabuada de multiplicação e a tabela de logaritmos, não. Essa divisão arbitrária, porém, torna

---

* Publicado originalmente em *Technology and culture*, 1959.

quase impossível a compreensão de um assunto tão importante para o desenvolvimento da tecnologia matemática. De modo semelhante, a eliminação tecnológica das belas-artes de seu campo de visão cega o historiador da tecnologia para a compreensão da relação entre o conhecimento científico e a tecnologia (*ver*, por exemplo, os volumes III e IV da obra monumental de Singer, *A History of Technology*). Porque o pensamento científico e o conhecimento já estavam vinculados às belas-artes, ao menos no mundo ocidental, muito antes de serem alinhados às disciplinas mecânicas: nas teorias de números matemáticos dos projetistas da catedral gótica,* na óptica geométrica da pintura renascentista ou na acústica dos enormes órgãos barrocos. E Lynn T. White Jr. demonstrou, em artigos recentes, que para entender a história e o desenvolvimento dos dispositivos mecânicos da Idade Média precisamos compreender algo não mecânico e não material, que é o conceito de dignidade e santidade do trabalho, introduzido por São Bento.

Mesmo dentro da definição tecnológica de tecnologia, que se refere ao manuseio de artefatos mecânicos somente, a observação de Wallace é de vital relevância. A tecnologia, de acordo com o prefácio de *A History of Technology*, é um assunto relacionado a "como as coisas são feitas". E a maioria dos estudantes de tecnologia, pelo que eu sei, concorda com isso. Mas o insight de Wallace leva-nos a uma definição diferente: o ponto central da tecnologia seria "como o homem faz as coisas". Quanto ao sentido e finalidade da tecnologia, a mesma fonte, mais uma vez apresentando uma visão geral, os define como "o domínio de nosso meio ambiente". Meu Deus! Wallace diria (provavelmente muito chocado): o propósito é superar nossas próprias limitações naturais (animais). A tecnologia permite que o homem, um bípede terrestre, sem brânquias, barbatanas ou asas, sinta-se à vontade dentro

---

* S.B. Hamilton apenas expressa a visão predominante dos tecnólogos ao dizer (em *A History of Technology*, IV, p. 469, de Singer), referindo-se aos arquitetos da catedral gótica e seus patronos, que "não há nada que indique que eles tenham sido motivados ou induzidos por alguma teoria quanto ao que seria belo". No entanto, não faltam evidências do contrário. Tanto os arquitetos quanto os seus patronos não foram apenas "motivados". Na verdade, eles estavam obcecados com teorias matemáticas rigorosas a respeito de estrutura e beleza. Para mais informações, ver, por exemplo, *Die Entstehung der Kathedrale*, de Sedlmayr (Zurique, 1950); *A catedral gótica*, de Otto von Simson (Editorial Presença, 1991); e, principalmente, o testemunho direto de um dos maiores projetistas de catedrais do mundo, Abbot Suger de St. Denis, em *Abbot Suger on the Abbey Church of St. Denis and its Art Treasures*, ed. Erwin Panofsky (Princeton, 1946).

d'água ou no ar; permite que um animal com um isolamento corporal bastante insatisfatório, isto é, um animal subtropical, viva em qualquer tipo de clima; permite que um dos primatas mais fracos e lentos seja forte como um elefante ou um touro e rápido como um cavalo; permite-lhe aumentar sua expectativa de vida, de 20 anos mais ou menos, que seria o "natural", para 70; permite-lhe, ainda, esquecer que a morte natural é a causada por predadores, doença, fome ou algum tipo de acidente e considerar como morte natural a morte causada por um motivo jamais visto entre os animais selvagens: a morte por falência de órgãos na velhice.*

Esses desenvolvimentos do homem, evidentemente, exerceram impacto em seu meio ambiente, embora eu suspeite que até pouco tempo atrás esse impacto tenha sido muito sutil. Mas o impacto na natureza fora do homem é incidental. O que realmente importa é que todos esses desenvolvimentos alteram sua capacidade biológica – e não pela mutação genética aleatória da evolução biológica, mas pelo desenvolvimento proposital que chamamos de tecnologia.

O que chamei aqui de "insight de Wallace", isto é, a abordagem a partir da biologia humana, leva-nos à conclusão de que a tecnologia não se refere a elementos concretos – ferramentas, processos e produtos –, mas a trabalho – especificamente a atividade humana, através da qual o homem supera as limitações das leis de ferro da biologia, ao contrário de todos os outros animais, que têm de lutar muito para se manterem vivos no dia seguinte ou na próxima hora. A mesma conclusão pode ser alcançada, a propósito, em qualquer abordagem, como por exemplo a abordagem da "cultura" antropológica, que não confunde tecnologia com um fenômeno do mundo físico. Poderíamos definir a tecnologia como ações humanas em objetos físicos – ou um conjunto de objetos físicos – com o objetivo de servir a seus propósitos. De qualquer maneira, o campo de estudo da tecnologia seria o do trabalho humano.

Para o historiador da tecnologia, essa linha de raciocínio talvez seja mais do que um jogo de palavras sobre definições porque ela leva à conclusão de que

---

* Para mais informações, ver Sir P.B. Medawar, biólogo britânico, em "Old Age and Natural Death", em seu livro *The Uniqueness of the Individual* (Londres: Methuen, 1957).

o estudo do desenvolvimento e da história da tecnologia, mesmo em sua definição mais limitada – que é a do estudo de um artefato mecânico específico (seja uma ferramenta ou um produto) ou um processo determinado – seria produtivo somente dentro de uma compreensão do trabalho e no contexto da história e do desenvolvimento do trabalho.

As ferramentas e técnicas não só influenciarão fortemente qual trabalho pode e será realizado, mas também determinarão como ele será realizado. O trabalho, sua estrutura, organização e conceitos, por sua vez, influenciarão com a mesma força o desenvolvimento de ferramentas e técnicas. Essa influência, deduz-se, deve ser tão grande que seria difícil compreender o desenvolvimento das ferramentas ou das técnicas sem o conhecimento de sua relação com o trabalho. Todas as evidências que temos confirmam essa ideia.

Tentativas sistemáticas de estudar e aprimorar o trabalho só começaram há cerca de 75 anos, com Frederick W. Taylor. Até então, o trabalho sempre havia sido ignorado como assunto – como ainda acontece, aparentemente, no caso da maioria dos estudantes de tecnologia. A "administração científica", como o trabalho de Taylor foi perigosamente denominado ("estudo científico do trabalho" teria sido um termo mais apropriado e teria evitado boa parte da confusão sobre o tema) não estava preocupada com tecnologia. Aliás, considerava as ferramentas e técnicas, em grande medida, como ponto pacífico, concentrando-se, portanto, no processo de possibilitar que o trabalhador individual as manipulasse de forma mais econômica, sistemática e eficiente. No entanto, essa abordagem resultou, quase imediatamente, em grandes mudanças e desenvolvimento de ferramentas, processos e produtos. A linha de montagem, com sua correia transportadora, foi uma importante mudança em relação às ferramentas. Uma mudança ainda maior foi a mudança do processo por trás da mudança da produção manual (fabricação) para a produção mecânica (montagem). Hoje, estamos começando a ver outra poderosa consequência do trabalho de Taylor na operação individual: o processo de organizar a produção em torno de objetos passou a concentrar-se em elementos que ajudam a organizar a produção em torno do fluxo de realização e informação – a mudança que chamamos de "automação".

Um impacto direto similar em relação às ferramentas e técnicas provavelmente decorrerá de outra abordagem ainda mais recente no estudo e aperfeiçoamento do trabalho: a abordagem chamada alternadamente de "engenharia humana", "psicologia industrial" ou "fisiologia industrial". A administração científica e seus seguidores estudam o trabalho como operação; a engenharia humana e disciplinas relacionadas voltam-se para a relação entre a tecnologia e anatomia, percepção, sistema nervoso e emoção dos seres humanos. Os estudos sobre fadiga foram os primeiros exemplos e os mais conhecidos; estudos sobre percepção sensorial e reação de pilotos de avião, por exemplo, são um dos mais comuns hoje em dia, assim como os estudos sobre aprendizagem. Ainda não nos aprofundamos no assunto, mas já sabemos que esses estudos estão nos levando a grandes mudanças na teoria e no desenvolvimento de instrumentos de mensuração e controle e na reestruturação de habilidades, ferramentas e processos tradicionais.

Evidentemente, porém, começamos a estudar o trabalho, mesmo num método de tentativa e erro, muito antes de sistematizá-lo. O melhor exemplo de administração científica, o alfabeto, não é do nosso século. A linha de montagem como conceito de trabalho foi compreendida por aqueles gênios desconhecidos que, bem no início da história, substituíram o artista aristocrático da guerra (retratado em seus últimos momentos de glória por Homero) pelo soldado fardado, envolvido em operações repetitivas e treinamento militar. O melhor exemplo de engenharia humana ainda é o longo cabo que transformou a foice em segadeira, adaptando, tardiamente, o processo de ceifa à mudança evolucionária do homem, que há muito deixara de ser quadrúpede e passara a ser bípede. Cada um desses desenvolvimentos no trabalho teve impacto imediato nas ferramentas, processos e produtos, isto é, nos artefatos da tecnologia.

O aspecto do trabalho que talvez tenha exercido o maior impacto sobre a tecnologia é um sobre o qual sabemos pouco a respeito: a organização do trabalho.

O trabalho, desde que se tem algum registro, sempre foi individual e social. A sociedade mais coletivista da história, a sociedade inca do Peru, não conseguiu coletivizar totalmente o trabalho; a tecnologia – em especial a fabricação de ferramentas, obras de cerâmica, artigos têxteis e objetos de culto – continuou sendo um trabalho individual. A especialização era individualizada, não biológica ou social, como é o trabalho numa colmeia ou num formigueiro. A sociedade mais individualista, o modelo perfeito da economia clássica, pressupõe muita organização coletiva quanto a leis, dinheiro e crédito, transportes etc. No entanto, justamente porque o esforço individual e o esforço coletivo têm de estar sempre equilibrados um com o outro, a organização do trabalho não é determinada. Em grande medida, existem verdadeiras alternativas quanto a isso, verdadeiras escolhas. Em outras palavras, a organização do trabalho é, *per se*, um dos maiores meios de alcançar aquela evolução propositada, não orgânica, especificamente humana. O trabalho é uma importante ferramenta do homem.

Somente nas últimas décadas é que começamos a dar atenção à organização do trabalho.* Mas já aprendemos que a missão, as ferramentas e organização social do trabalho não são fatores totalmente independentes. Ao contrário, exercem influência mútua uns sobre os outros. Sabemos, por exemplo, que a tecnologia quase pré-industrial da indústria do vestuário feminino de Nova York é resultado não de condições mercadológicas, econômicas ou tecnológicas, mas da organização social do trabalho tradicional dessa indústria. O mesmo vale para o caso oposto: quando introduzimos certas ferramentas em oficinas ferroviárias, por exemplo, a organização tradicional do trabalho, a organização dos ofícios, passa a ser inalcançável; e as próprias habilidades que nos faziam produtivos com o uso da antiga tecnologia agora se tornam um grande obstáculo à nossa capacidade de produzir. Um bom caso pode ser a hipótese de que as inovações da agricultura moderna fizeram o conceito russo de agricultura coletiva se tornar socialmente obsoleto como organização de trabalho – uma solução socialista de organização agrícola do passado, não do presente, e muito menos do futuro.

Essa inter-relação entre organização do trabalho, tarefas e ferramentas sempre deve ter existido. Poderíamos até especular que a explicação para o

---

* Entre os estudos, devemos mencionar o trabalho de Elton Mayo, primeiro na Austrália e depois em Harvard, principalmente dois livros seus: *The Human Problems of an Industrial Civilization* (2ª edição, Boston, 1946) e *The Social Problems of an Industrial Civilization* (Boston, 1945); os estudos do sociólogo francês Georges Friedman, sobretudo *Industrial Society* (Glencoe: Free Press, 1964); o trabalho realizado em Yale por Charles R. Walker e seu grupo, especialmente o livro escrito em parceria com Robert H. Guest, *The Man on the Assembly Line* (Cambridge, Mass.: Harvard University Press, 1952). Ouvi dizer que também estão sendo realizados estudos sobre o assunto na Academia Polonesa de Ciência, mas não consegui obter nenhuma informação a respeito.

misterioso intervalo de tempo decorrido entre a introdução do torno de oleiro e o advento tardio da roda de fiar reside na organização social do trabalho em relação a este último como tarefa de grupo realizada, segundo a épica descrição de Homero, pela patroa com suas filhas e ajudantes. A roda de fiar, por sua velocidade e por demandar concentração individual na maquinaria, dificilmente conduzirá à livre relação social; mesmo num contexto de estreiteza econômica, os frutos governamentais, disciplinares e educacionais daquele tipo de arranjo talvez parecessem mais valiosos do que um fiado mais rápido e limpo.

Se sabemos muito pouco a respeito do trabalho e de sua organização do ponto de vista científico, sabemos menos ainda sobre o assunto do ponto de vista histórico, não por falta de registros: grandes escritores – Hesíodo, Aristófanes, Virgílio, por exemplo – deixaram descrições detalhadas. Sobre os primeiros impérios e, repito, sobre os últimos sete séculos, começando na Alta Idade Média, temos muito material pictórico: pinturas em cerâmica e relevo, xilogravuras, águas-fortes, impressões. O que falta é atenção e estudo objetivo.

Os historiadores políticos ou os historiadores das artes, ainda dominados pelos preconceitos do helenismo, geralmente ignoram o trabalho com desdém; os historiadores da tecnologia são "focados no objeto". Por isso, além de ainda repetirmos como tradições fatuais a organização do trabalho do passado – que tanto nossos recursos disponíveis quanto nosso conhecimento a respeito classificariam como contos da carochinha –, privamo-nos de uma compreensão mais abrangente acerca das informações já existentes relacionadas à história e ao uso das ferramentas.

Um exemplo disso é a falta de atenção dada aos equipamentos de manuseio e movimentação de materiais. Sabemos que a movimentação – não a fabricação – de objetos é o esforço central do processo de produção, mas demos pouca importância ao desenvolvimento de equipamentos nesse sentido.

A catedral gótica é outro exemplo. H.G. Thomson, em *A History of Technology* (II, p. 384) afirma categoricamente: "Não existia o equivalente medieval ao arquiteto especializado" na Idade Média. Existiam somente "bons mestres de obras". Mas temos provas suficientes do contrário (resumidas, por exemplo, em Simson*). Arquitetos especializados, cientificamente treinados, era o que mais havia, distinguindo-se claramente do mestre de obras pelo treinamento e a posição social. Longe de serem desconhecidos, como ainda se ouve dizer por aí, os arquitetos da Idade Média eram homens famosos, muitas vezes com experiência internacional, em países como Escócia, Polônia e Itália. Aliás, esses profissionais tiveram de se esforçar muito para que fossem reconhecidos e lembrados, não apenas em registros escritos, mas, acima de tudo, em retratos exibidos nas igrejas que projetaram, por direito, como geômetras e projetistas científicos – coisa que até os arquitetos mais conhecidos de hoje hesitariam em fazer. De modo semelhante, ainda repetimos o romantismo alemão do início, na crença de que a catedral gótica era obra de artífices individuais. No entanto, a malha estrutural da catedral baseava-se numa estrita uniformidade entre as partes. Os homens trabalhavam em cima de moldes, que eram reunidos e administrados como propriedade da guilda. Somente o telhado, os ornamentos, as portas, as estátuas, as janelas etc. eram obras individuais de um artista específico. Considerando a grande escassez de pessoal capacitado e a enorme dependência da mão de obra local não qualificada proveniente de áreas rurais, segundo atestam todas as nossas fontes, também deve ter havido uma acentuada divisão entre o pessoal capacitado, que fabricava as peças, e o pessoal não qualificado, que as montava sob a direção de um contramestre ou capataz. A tecnologia de manuseio de materiais devia ser bastante avançada, o que, inclusive, é descrito em nossas fontes, embora seja ignorado pelos historiadores da tecnologia, com sua tendência romântica carente de sentido crítico. E, apesar de haver menção aos moldes em que os artífices trabalhavam, ninguém, até onde eu sei, investigou essas ferramentas tão extraordinárias, que contradizem totalmente tudo o que achávamos que sabíamos a respeito do trabalho e da tecnologia medieval.

Não estou querendo sugerir que abandonemos o estudo histórico das ferramentas, processos e produtos. Obviamente, precisamos saber muito mais a respeito. Estou dizendo que a história do trabalho em si é um assunto grande, desafiador e gratificante, que os estudantes da tecnologia devem estar preparados para abordar. Estou dizendo também que precisamos nos dedicar ao

---

* O.G. von Simson, *A catedral gótica* (Editorial Presença, 1991).

estudo do trabalho para que a história da tecnologia seja realmente história, não apenas a afeição por antiguidades por parte de um engenheiro.

Uma pergunta final deve ser feita: sem estudar e compreender o trabalho, como poderemos, algum dia, compreender a tecnologia?

A grande obra de Singer, *A History of Technology,* não pretendia abordar o assunto de maneira abrangente em 1850. Naquela época, contam os editores, a tecnologia tornara-se algo tão complexo de definir que compreendê-la parecia impossível. Mas foi justamente nessa época que a tecnologia começou a ser uma força fundamental e a exercer um grande impacto tanto em nossa cultura quanto em nosso meio ambiente. Dizer que não temos como abarcar a tecnologia moderna equivale a dizer que a medicina perde o sentido no momento em que o embrião sai do útero. Precisamos de uma teoria que nos permita organizar a variedade e a complexidade das ferramentas modernas em torno de algum conceito básico e unificador.

Para um leigo, que não é historiador profissional nem tecnólogo profissional, pareceria, inclusive, que até a antiga tecnologia, a tecnologia de antes da grande explosão dos últimos 100 anos, não faz sentido e não tem como ser compreendida – mal pode ser descrita – sem esses conceitos básicos. Todo escritor sobre o assunto reconhece o grande número, a variedade e a complexidade de fatores que desempenham uma função na tecnologia, sendo influenciados por ela: o sistema econômico e legal, os valores sociais e instituições políticas, as abstrações filosóficas, as crenças religiosas e o conhecimento científico. Ninguém tem como saber tudo isso, muito menos lidar com tudo numa realidade em constante transformação. No entanto, de uma forma ou de outra, tudo isso constitui a tecnologia.

A reação típica frente a uma situação como essa sempre foi a de proclamar um desses fatores como *o* determinante – a economia, por exemplo, ou as crenças religiosas. Sabemos que tal postura só pode levar à total falta de entendimento. Esses fatores influenciam uns aos outros, mas não são determinantes. No máximo, marcam limites entre si, criando oportunidades mútuas. Também não há como compreender a tecnologia em termos do conceito antropológico de cultura, que a define como um equilíbrio estável, completo e limitado entre esses fatores. Tal cultura pode existir em tribos pequenas, primitivas e decadentes, que vivem em sistema de isolamento.

Mas esse é justamente o motivo pelo qual essas tribos são pequenas, primitivas e decadentes. Qualquer cultura viável caracteriza-se pela capacidade interna de mudança deliberada no nível de energia e direção de qualquer um desses fatores e em suas inter-relações.

Em outras palavras, a tecnologia deve ser considerada um sistema,* isto é, um conjunto de peças e atividades de intercomunicação inter-relacionadas.

Sabemos que só podemos estudar e entender um sistema como esse se tivermos um foco unificador, em que a interação de *todos* os fatores e forças do sistema gere algum efeito prático e em que, por sua vez, as complexidades do sistema possam ser resolvidas com um único modelo teórico. As ferramentas, processos e produtos são comprovadamente incapazes de fornecer tal foco para a compreensão do complexo sistema chamado tecnologia. É possível, contudo, que o trabalho ofereça esse foco, promova a integração de todas essas variáveis interdependentes, apesar de autônomas, ofereça um conceito único que nos permita compreender a tecnologia, tanto em sua essência quanto em sua função, seu impacto e relação com valores e instituições, conhecimento e crenças, indivíduo e sociedade.

Tal compreensão teria uma importância vital hoje em dia. O grande acontecimento da nossa época, talvez o principal, seria o desaparecimento de todas as sociedades e culturas não ocidentais sob a inundação da tecnologia ocidental. No entanto, não temos como analisar esse processo – de predizer o que sucederá ao homem, suas instituições e valores em razão disso –, muito menos como controlá-lo, isto é, especificar com algum nível de precisão o que precisa ser feito para que essa mudança monumental seja produtiva ou ao menos suportável. Precisamos desesperadamente de uma verdadeira compreensão e uma verdadeira teoria, um verdadeiro modelo de tecnologia.

A história nunca se satisfez em ser um mero inventário do que já está morto – isso, aliás, é trabalho de antiquários. O objetivo da verdadeira história é nos ajudar a entender a nós mesmos, nos ajudar a construir o futuro. Assim como contamos com o historiador político para compreender melhor os governos e com o historiador das artes para compreender melhor as artes,

---

* A palavra aqui é usada como em "General Systems Theory – The Skeleton of Science", de Kenneth Boulding. *Management Science*, vol. 2, n. 3 (abril de 1956), p. 197, e nas publicações da Society for General Systems Research.

temos o direito de buscar o historiador da tecnologia para compreender melhor as artes, temos o direito de buscar o historiador da tecnologia para compreender melhor a tecnologia. Mas como compreenderemos alguma coisa se o próprio historiador não tiver algum conceito sobre tecnologia, apenas um conjunto de ferramentas e artefatos individuais? Será que ele tem como desenvolver um conceito se o foco de seu estudo sobre tecnologia não for o trabalho e sim os objetos?

CAPÍTULO 4

Tendências tecnológicas do século XX*

A ATIVIDADE TECNOLÓGICA DURANTE o século XX mudou em relação a sua estrutura, métodos e abrangência. É essa mudança qualitativa que explica, mais do que o grande aumento no volume de trabalho, o surgimento da tecnologia no século XX como peça central em tempos de guerra e de paz, e sua capacidade de refazer, em poucas décadas, o estilo de vida do homem em todo o globo terrestre.

Essa mudança completa na natureza do trabalho tecnológico durante este século possui três aspectos independentes, mas intimamente relacionados: (1) mudanças estruturais – profissionalização, especialização e institucionalização do trabalho tecnológico; (2) mudanças de métodos – a nova relação entre tecnologia e ciência e o novo conceito de inovação; e (3) a "abordagem sistemática". Cada tópico desses é um aspecto da mesma tendência. A tecnologia tornou-se algo inédito: uma disciplina organizada e sistemática.

---

* Publicado originalmente no volume 2 de *Technology in Western Civilization*, ed. Melvin Kranzberg e Carroll W. Pursell Jr. (Nova York: Oxford University Press, 1967).

A estrutura do trabalho tecnológico

Ao longo de todo o século XIX, a atividade tecnológica, apesar do enorme sucesso, ainda era, do ponto de vista estrutural, quase igual ao que havia sido durante séculos: uma arte manual, praticada por alguns poucos indivíduos, geralmente trabalhando sozinhos, sem educação formal. Mais ou menos na metade do século XX, a atividade tecnológica passou a ser um ofício totalmente profissional, baseado, geralmente, em formação universitária. Tornou-se um trabalho especializado, em grande parte realizado em instituições especiais – os laboratórios de pesquisa, sobretudo os laboratórios de pesquisas industriais –, dedicadas exclusivamente à inovação industrial.

Cada uma dessas mudanças merece uma breve discussão. Para início de conversa, poucos tecnólogos importantes do século XIX tiveram educação formal. O inventor típico era um mecânico que começava seu aprendizado aos 14 anos (ou mais cedo). Os poucos que haviam cursado a faculdade, de modo geral, não foram treinados em tecnologia ou ciência. Eram alunos de artes, com treinamento basicamente clássico. Eli Whitney (1765-1825) e Samuel Morse (1791-1872), formados em Yale, são bons exemplos. Evidentemente, havia exceções, como o oficial de engenharia prussiano Werner von Siemens (1816-1892), que se tornou um dos primeiros fundadores da indústria elétrica; os pioneiros da indústria química moderna, como o inglês William Perkin (1838-1907) e o anglo-germânico Ludwig Mond (1839-1909). De modo geral, porém, a invenção tecnológica e o desenvolvimento das indústrias com base em novo conhecimento estavam nas mãos de artífices com pouca educação científica, mas grande talento mecânico. Esses homens se consideravam mecânicos e inventores, não engenheiros ou químicos, muito menos cientistas.

O século XIX também foi a era da construção de universidades técnicas. De todas as grandes instituições técnicas de ensino superior, apenas uma, a École Polytechnique em Paris, antecede essa data; foi fundada no final do século XVIII. Em 1901, porém, quando o California Institute of Technology em Pasadena abriu sua primeira turma, praticamente todas as principais universidades técnicas do mundo ocidental dos dias de hoje já existiam. Ainda assim, nas primeiras décadas do século XX, o progresso técnico era impulsionado pela mecânica autodidata, sem formação científica ou técnica específica. Nem Henry Ford (1863-1947) nem os irmãos Wright (Wilbur, 1867-1912; Orville, 1871-1948) fizeram faculdade.

O homem com formação técnica universitária começou a assumir a liderança nos anos próximos à Primeira Guerra Mundial, e, na época da Segunda Guerra Mundial, a mudança já ocorrera por completo. O trabalho tecnológico desde 1940 era realizado, basicamente, por homens com formação universitária específica para tal trabalho. Essa formação tornou-se quase um pré-requisito para o trabalho tecnológico. Aliás, desde a Segunda Guerra Mundial, boa parte dos homens que construíram empresas em torno da nova tecnologia eram professores de física, química ou engenharia, assim como a maioria dos homens que converteram o computador num produto vendável.

O trabalho tecnológico, portanto, passou a ser uma profissão. O inventor virou engenheiro; o artífice, um profissional. Em parte, isso é apenas um reflexo do aumento de todo o nível educacional do mundo ocidental durante os últimos 150 anos. O engenheiro ou químico com treinamento universitário no mundo ocidental de hoje não é mais preparado, considerando-se o padrão relativo de sua sociedade, do que o artífice de 1800 (que, numa sociedade quase iletrada, sabia ler e escrever). Nossa sociedade inteira – não apenas a tecnológica – tornou-se oficialmente educada e profissionalizada. Mas a profissionalização do trabalho tecnológico aponta para a crescente complexidade da tecnologia e o crescimento do conhecimento científico e tecnológico. É uma prova da mudança de atitude em relação à tecnologia a aceitação por parte da sociedade, do governo, do sistema de educação e das empresas de que esse trabalho é importante, que ele requer uma base firme de conhecimento científico e muito mais pessoas capacitadas do que o "talento natural" podia produzir.

O trabalho tecnológico também se tornou cada vez mais especializado durante o século XX. Charles Franklin Kettering (1876-1958), o gênio criativo da General Motors, por 30 anos diretor da General Motors Research Corporation, representa o típico inventor do século XIX, especializado em invenção, não em eletrônica, química ou automobilismo. Em 1911, Kettering ajudou a inventar o arranque automático, permitindo que leigos (sobretudo as mulheres) pudessem dirigir um automóvel. Concluiu sua longa carreira no final da década de 1930 com a conversão do motor a diesel, pesado, pouco econômico e inflexível num sistema de propulsão relativamente leve, flexível e econômico, cujo uso se tornou padrão nos caminhões pesados e nas locomotivas. Nesse meio-tempo, ainda desenvolveu um composto refrigerador não tóxico que possibilitou a refrigeração doméstica e industrial; e o chumbo tetraetila, que impede a autoignição interna de motores de explosão usando combustível de alta octanagem, aumentando o desempenho dos motores de automóveis e aviões.

Essa prática de ser inventor caracterizou o tecnólogo do século XIX também. Edison e Siemens, na indústria elétrica, consideravam-se "especialistas em invenção", assim como o pai da química orgânica, o alemão Justus von Liebig (1803-1873). Hoje em dia, encontramos menos exemplos de pessoas com interesses e realizações fora do comum, para não dizer não profissionais. George Westinghouse (1846-1914) foi responsável por importantes patentes relacionadas à máquina a vapor vertical de alta velocidade; à geração, transformação e transmissão de corrente alternada; e ao primeiro freio automático eficaz para trens. O alemão Emile Berliner (1851-1929) contribuiu fortemente para o advento da primeira tecnologia de telefone e fonógrafo, e também engendrou um dos primeiros modelos de helicópteros. E houve outros.

Esse tipo de inventor ainda não desapareceu – muitos homens hoje em dia trabalham como Edison, Siemens e Liebig trabalharam um século atrás. Edwin H. Land (1909–), famoso pela Polaroid, deixou a faculdade para desenvolver vidro polarizador, e seu trabalho inclui desde o projeto de câmeras até mísseis, passando pela óptica, teoria da visão e química coloidal. Land descreve a si mesmo como "inventor", em *Who's Who in America*. Mas esses homens que se dedicam à ciência aplicada e à tecnologia não são, como no século XIX, o centro da atividade tecnológica. Ao contrário, são especialistas que trabalham em uma única área, cada vez mais específica – desenvolvimento de circuitos eletrônicos, troca de calor ou química de polímeros de alta densidade, por exemplo.

Essa profissionalização e especialização foram viabilizadas pela institucionalização do trabalho nos laboratórios de pesquisa. O laboratório de pesquisa – principalmente o laboratório de pesquisa industrial – tornou-se a base do avanço tecnológico no século XX. A nova tecnologia surge daí, não de indivíduos isolados. O trabalho tecnológico, cada vez mais, é um esforço de equipe. O conhecimento de grande número de especialistas é direcionado a um problema comum e a um resultado tecnológico conjunto.

No século XIX, o laboratório era o lugar onde se realizavam os trabalhos que requeriam conhecimento técnico além da mecânica habitual. Na indústria, as principais funções do laboratório eram a engenharia de teste e a engenharia de planta. As pesquisas eram realizadas como atividade paralela, quando muito. De modo semelhante, o laboratório do governo durante o século XIX era essencialmente um lugar de teste, e todos os grandes laboratórios governamentais do mundo hoje em dia (como o Gabinete Nacional de Normas, em Washington) foram fundados com esse propósito. Nas universidades do século XIX, o laboratório era utilizado, basicamente, para ensino, não para pesquisa.

O laboratório de pesquisa atual tem sua origem na indústria química alemã. A rápida ascensão dessa indústria a partir de 1870 deve-se diretamente à aplicação da ciência na produção industrial, uma novidade na época. No entanto, aqueles laboratórios químicos alemães foram criados, em princípio, para engenharia de testes e processos. Só a partir de 1900 é que sua principal função passou a ser a pesquisa. O ponto de virada veio com o advento da aspirina – a primeira droga puramente sintética –, criada por Adolf von Baeyer (1835-1917) em 1899. O sucesso mundial da aspirina em poucos anos convenceu a indústria química do valor do trabalho dedicado somente à pesquisa.

O famoso laboratório de Even Edison, em Menlo Park, Nova Jersey – o centro de pesquisa mais produtivo de toda a história das descobertas e inovações tecnológicas – não era o que se poderia chamar de laboratório de pesquisa moderno. Embora voltado exclusivamente para pesquisas, como no caso dos laboratórios de pesquisa modernos, Menlo Park ainda representava a oficina de um inventor solitário, não o esforço conjunto que caracteriza os laboratórios de pesquisa industrial ou universitários de hoje. Quase todos os assistentes de Edison acabaram, por mérito próprio, sendo inventores bem-sucedidos – por exemplo, Frank J. Sprague (1857-1934), criador do primeiro bonde elétrico. Mas eles só se tornaram tecnólogos produtivos depois de deixar o trabalho com Edison em Menlo Park. Enquanto estavam lá, eram apenas ótimos ajudantes.

Após a virada do século, começaram a surgir novos laboratórios de pesquisa nos dois lados do Atlântico. A indústria química alemã logo construiu grandes laboratórios que ajudaram a Alemanha a conquistar o monopólio do mercado de tinturas, produtos farmacêuticos e outros compostos orgânicos antes da Primeira Guerra Mundial. Na Alemanha também, pouco depois de 1900, foram encontrados os grandes laboratórios de pesquisa governamental da Sociedade Kaiser Wilhelm (a atual Sociedade Max Planck), onde cientistas de renome e suas equipes, livres de qualquer obrigação de ensino, podiam se dedicar inteiramente à pesquisa. No lado de cá do Atlântico, C.P. Steinmetz (1865-1923) começou a construir, mais ou menos na mesma época, o primeiro laboratório de pesquisa moderno da indústria elétrica, o grande centro de pesquisa da General Electric Company, em Schenectady. Steinmetz sabia o que estava fazendo, talvez ainda mais do que os alemães, e o padrão que estabeleceu para o Laboratório de Pesquisa da General Electric é, de modo geral, o mais seguido pelos grandes centros de pesquisa industrial e governamental até hoje.

A essência do laboratório de pesquisa moderno não é o tamanho. Existem laboratórios muito grandes, que trabalham para o governo ou para grandes empresas, e também diversos laboratórios de pesquisa pequenos, com menos tecnólogos e cientistas do que os laboratórios do século XIX. Aparentemente, não há uma relação entre o tamanho do laboratório e os resultados. O que distingue um laboratório de pesquisa atual dos anteriores é, primeiro, o interesse exclusivo em pesquisa, descobertas e inovações; segundo, o laboratório de pesquisa congrega pessoas de várias áreas, cada uma com um conhecimento específico; terceiro, o laboratório de pesquisa incorpora novas metodologias de trabalho tecnológico baseadas diretamente na aplicação sistemática da ciência da tecnologia.

Um ponto forte do laboratório de pesquisa é sua capacidade de ser tanto "especialista" quanto "generalista", permitindo que um indivíduo trabalhe sozinho ou em equipe. Vários ganhadores do Prêmio Nobel realizaram seu trabalho de pesquisa em laboratórios industriais como os da Bell Telephone System ou da General Electric Company. De modo similar, o náilon (1937), um dos primeiros constituintes da indústria do plástico atual, foi desenvolvido por W.H. Carothers (1896-1937) trabalhando sozinho no laboratório da DuPont na década de 1930. O laboratório de pesquisa facilita o acesso ao conhecimento e aos meios de trabalho, permitindo o aprimoramento profissional no nível individual, ao mesmo tempo que possibilita o trabalho em equipe voltado para a realização de uma tarefa específica, criando um grupo com uma gama de conhecimentos e habilidades muito maior do que a que um indivíduo isolado, por mais capacitado que seja, pode adquirir durante a vida.

Antes da Primeira Guerra Mundial, havia pouquíssimos laboratórios de pesquisa. Entre a Primeira e a Segunda Guerra Mundial, o laboratório de pesquisa tornou-se padrão numa série de indústrias, sobretudo a química, a farmacêutica, a elétrica e a eletrônica. Desde a Segunda Guerra Mundial, as atividades de pesquisa passaram a ser uma necessidade, tanto na indústria quanto em fábricas, e elemento fundamental, tanto em seu próprio campo quanto em outras áreas, como as forças armadas e os hospitais, por exemplo.

Os métodos de trabalho tecnológico

Paralelamente às mudanças na estrutura do trabalho tecnológico ocorreram mudanças na abordagem e nos métodos básicos de trabalho. A tecnologia passou a basear-se na ciência, valendo-se da "pesquisa sistemática". E o que antes era "invenção", hoje em dia é "inovação".

Historicamente, a relação entre ciência e tecnologia sempre foi complexa e ainda não foi totalmente explorada ou compreendida. Mas os cientistas, até o final do século XIX, salvo raras exceções, davam pouca importância à aplicação de seu novo conhecimento científico e menos ainda ao trabalho tecnológico necessário para que esse conhecimento pudesse ser aplicado. De modo semelhante, os tecnólogos, até bem pouco tempo atrás, quase não tinham contato com os cientistas, e não consideravam suas descobertas como algo importante para o trabalho tecnológico. Evidentemente, a ciência exigia sua própria tecnologia – uma tecnologia bastante avançada, por sinal, uma vez que, ao longo de todo o progresso da ciência, dependeu do desenvolvimento de instrumentos científicos. Mas os avanços tecnológicos produzidos pelos fabricantes de instrumentos científicos, em regra, não abarcaram outras áreas e não levaram à criação de novos produtos para o consumidor ou de novos processos para o artesão e a indústria. O primeiro fabricante de instrumentos a ganhar importância fora do campo científico foi James Watt, o inventor da máquina a vapor.

Passaram-se 75 anos até os cientistas começarem a se interessar pelo desenvolvimento e aplicação tecnológica de suas descobertas. Isso foi por volta de 1850. O primeiro cientista a se destacar na área da tecnologia foi Justus von Liebig. Liebig, em meados do século XIX, desenvolveu o primeiro fertilizante sintético – e também um extrato de carne (ainda vendido em toda a Europa com o seu nome) – que era, até o advento da refrigeração na década de 1880, a única forma de armazenar e transportar proteínas animais. Em 1856, Sir William H. Perkin, na Inglaterra, conseguiu isolar, quase por acaso, a primeira tintura feita de anilina, e imediatamente montou um negócio químico com base em sua descoberta. Desde então, o trabalho tecnológico na indústria química baseia-se na ciência.

Por volta de 1850, a ciência começou a influenciar outra tecnologia nova – a engenharia elétrica. Os grandes físicos que contribuíram para o conhecimento científico da eletricidade durante o século XIX não estavam, eles mesmos, empenhados em aplicar esse conhecimento a produtos e processos, mas os maiores tecnólogos da eletricidade do século deram continuidade ao trabalho deles. Siemens e Edison sabiam tudo a respeito do trabalho de físicos como Michael Faraday (1791-1867) e Joseph Henry (1797-1878). Alexander Graham Bell (1847-1922) foi incentivado a trabalhar na criação do telefone graças às pesquisas sobre reprodução do som, conduzidas por Hermann von Helmholtz (1821-1894). Guglielmo Marconi (1874-1937) desenvolveu o rádio com base na confirmação experimental da teoria da propagação de ondas eletromagnéticas de Heinrich Hertz (1857-1894). E assim por diante. Desde o início, portanto, a tecnologia elétrica esteve intimamente vinculada à ciência física da eletricidade.

De modo geral, porém, a relação entre o trabalho científico e sua aplicação tecnológica, que hoje em dia consideramos óbvia, não se consolidou até depois da virada do século XX. Como mencionamos anteriormente, os inventos modernos como o automóvel e o avião beneficiaram-se pouco do trabalho científico puramente teórico dos anos de formação. Foi a Primeira Guerra Mundial que instaurou a mudança: nos países beligerantes, os cientistas foram mobilizados, e então a indústria descobriu o enorme poder da ciência de desencadear ideias e apresentar soluções tecnológicas. Foi nessa época também que os cientistas descobriram o desafio dos problemas tecnológicos.

Hoje em dia, o trabalho tecnológico baseia-se, sobretudo, na iniciativa científica. Aliás, grande parte dos laboratórios de pesquisa industrial dedica-se ao "puro" trabalho de pesquisa, isto é, trabalho voltado exclusivamente para novos conhecimentos teóricos, não para a aplicação do conhecimento. É raro que um laboratório comece um novo projeto tecnológico sem um estudo de base científica, mesmo quando não está buscando novos conhecimentos em si. Ao mesmo tempo, os resultados da investigação científica quanto às propriedades da natureza – seja no campo da física, química, biologia, geologia ou qualquer outra ciência – são imediatamente analisados por milhares de "cientistas aplicados" e tecnólogos para averiguar sua possível aplicação na tecnologia.

A tecnologia, portanto, não é "a aplicação da ciência a produtos e processos", como se costuma afirmar. Na melhor das hipóteses, essa é uma simplificação da verdade. Em algumas áreas – por exemplo, a química de polímeros, a de produtos farmacêuticos, energia atômica, exploração espacial e computadores –, a linha que divide a "pesquisa científica" e a a "tecnologia" é bem sutil. Um cientista que se depara com novos conhecimentos básicos e um tecnólogo que desenvolve processos e produtos específicos são exatamente a mesma pessoa. Em outras áreas, contudo, os esforços produtivos ainda estão voltados para problemas puramente tecnológicos e têm pouca conexão com a ciência. Na concepção de equipamentos mecânicos – máquinas operatrizes, maquinaria têxtil, prensas tipográficas etc. –, as descobertas científicas geralmente desempenham um papel ínfimo. Não encontramos cientistas no laboratório de pesquisa. Mais importante do que isso é o fato de que a ciência, mesmo onde possui muita relevância, representa apenas o ponto de partida para o trabalho tecnológico. A maior parte do trabalho em novos produtos e processos acontece muito tempo *depois* da contribuição científica. O "know-how", contribuição do tecnólogo, geralmente demanda muito mais tempo e energia do que a praticidade do cientista. No entanto, embora não substitua a tecnologia atual, a ciência é a base e seu ponto de partida.

Apesar de sabermos hoje em dia que nossa tecnologia baseia-se na ciência, pouca gente (exceto os tecnólogos) se dá conta de que a tecnologia tornou-se, por mérito próprio, uma espécie de ciência neste século: tornou-se pesquisa – uma disciplina à parte, com métodos específicos.

A tecnologia do século XIX era "invenção" – não organizada, não sistemática. Era, conforme definido por nossas leis de patentes, agora com 200 anos, resultado de "um momento de insight". Evidentemente, era necessário muito trabalho, às vezes por décadas, para converter esse "momento" em algo que funcionasse e pudesse ser usado. Mas ninguém sabia como fazer o trabalho, como organizá-lo ou o que esperar dele. O ponto de virada, provavelmente, foi o trabalho de Edison com a lâmpada elétrica, em 1879. Como seu biógrafo, Matthew Josephson, lembra, Edison não pretendia realizar uma pesquisa organizada. Ele acabou sendo levado a isso pelo fracasso no desenvolvimento de uma iluminação elétrica viável resultante de um "flash de gênio". Edison se viu forçado a trabalhar nas especificações da solução necessária, explicitando, de modo bastante detalhado, os passos a serem dados e testando sistematicamente 1.600 materiais diferentes para encontrar um que pudesse ser utilizado como elemento incandescente para a lâmpada que tentava desenvolver. Na verdade, Edison descobriu que teria de fazer avanços em três grandes frentes tecnológicas de uma vez para conseguir a iluminação elétrica que buscava. Precisava de uma fonte de energia elétrica que produzisse uma voltagem equilibrada de magnitude constante; de vácuo num pequeno recipiente de vidro; e de um filamento que ardesse sem queimar imediatamente. O trabalho que Edison esperava terminar sozinho em algumas semanas levou um ano inteiro, com a ajuda de grande número de assistentes capacitados, isto é, uma equipe de pesquisa.

Ocorreram muitos aprimoramentos nos métodos de pesquisa desde os experimentos de Edison. Em vez de testar 1.600 materiais diferentes, hoje em dia o mais provável é nos valermos de cálculos matemáticos e análises conceituais para diminuir o número de opções (o que nem sempre funciona; nas pesquisas atuais sobre câncer, por exemplo, estão sendo testadas mais de 60 mil substâncias químicas para possível tratamento terapêutico). Talvez as maiores melhorias tenham ocorrido na administração das equipes de pesquisa. Em 1879, um trabalho em equipe como aquele era algo inédito, e Edison teve de improvisar no decorrer do processo, mas foi capaz de detectar os elementos básicos da pesquisa: (1) a definição da necessidade – no caso de Edison, um sistema confiável e econômico para converter a eletricidade em luz; (2) uma meta objetiva – um recipiente transparente em que a resistência à corrente elétrica aqueceria uma substância, produzindo incandescência; (3) a identificação das etapas de trabalho e dos elementos a serem desenvolvidos – no caso em questão, a energia elétrica, o recipiente e o filamento; (4) feedback constante em relação aos resultados do trabalho planejado – por exemplo, ao descobrir que precisava de um vácuo maior em vez de gás inerte como meio para o filamento, Edison mudou totalmente o rumo de sua pesquisa quanto ao recipiente; e (5) a organização do trabalho em equipes, de modo que cada uma ficasse responsável por uma parte.

Esses passos em conjunto constituem, até hoje, o método básico e o sistema do trabalho tecnológico. O dia 21 de outubro de 1879, o dia em que Edison conseguiu criar uma lâmpada elétrica que ficasse acesa mais do que alguns minutos, portanto, não é só o dia do nascimento da luz elétrica. Marca também o surgimento da pesquisa tecnológica moderna. Não temos como saber se Edison tinha total consciência do que havia realizado – e, aliás, pouca gente na época reconheceu que Edison havia descoberto um método de aplicação geral para a pesquisa tecnológica e científica. Só 20 anos depois é que Edison começou a ser imitado por todos – pelos químicos e bacteriologistas alemães em seus laboratórios e pelo laboratório da General Electric nos Estados Unidos. Desde esse momento, contudo, o trabalho tecnológico desenvolveu-se progressivamente como disciplina de pesquisa metódica em todo o mundo ocidental.

A pesquisa tecnológica, além de ter uma metodologia diferente da invenção, conduz a uma abordagem distinta, conhecida como inovação, ou à tentativa deliberada de promover, por meios tecnológicos, novas mudanças em nossa forma de viver e em nosso ambiente – a economia, a sociedade, a comunidade etc. A inovação pode começar pela definição de uma necessidade ou oportunidade, que então leva à organização de esforços tecnológicos para atender a essa necessidade ou explorar a oportunidade. Para chegar à Lua, por exemplo, é necessário fazer grandes investimentos em nova tecnologia. Uma vez definida a necessidade, o trabalho tecnológico pode ser sistematicamente organizado para produzir essa tecnologia. Ou a inovação pode provir de novos conhecimentos científicos e de uma análise das oportunidades que ela é capaz de criar. Fibras sintéticas, como o náilon, passaram a existir na década de 1930 em consequência do estudo sistemático das oportunidades oferecidas pela nova compreensão dos polímeros (isto é, longas cadeias de moléculas orgânicas) por parte dos cientistas químicos (a maioria na Alemanha) durante a Primeira Guerra Mundial.

A inovação não é um produto do século XX. Siemens e Edison eram tanto inventores quanto inovadores. Os dois começaram com a oportunidade de criar novas indústrias de peso – a ferrovia elétrica (Siemens) e a iluminação elétrica (Edison). Ambos analisaram a necessidade de nova tecnologia e foram atrás dela. No entanto, só neste século – e, em grande parte, nos laboratórios de pesquisa, com uma abordagem específica – a inovação tornou-se fundamental para o trabalho tecnológico.

Na inovação, a tecnologia é usada como meio de promover mudanças na economia, na sociedade, na educação, nas operações militares etc. Isso aumentou consideravelmente o impacto da tecnologia. Tornou-se o aríete capaz de arrombar as muralhas mais sólidas da tradição e do hábito. Desse modo, a tecnologia moderna influencia a sociedade e a cultura tradicional em países subdesenvolvidos. Mas inovação também significa que o trabalho tecnológico não é realizado somente por motivos tecnológicos, mas com finalidades não tecnológicas – econômicas, sociais ou militares.

A descoberta científica sempre foi mensurada por sua capacidade de nos ajudar a compreender os fenômenos naturais. A prova de fogo da invenção, entretanto, é técnica – de que forma ela nos possibilita realizar tarefas específicas. A prova de fogo da inovação é seu impacto na vida das pessoas. As inovações mais poderosas, portanto, podem acontecer sem obstruir o caminho das novas invenções tecnológicas.

Um ótimo exemplo é a primeira grande inovação do século XX, a produção em massa, iniciada por Henry Ford entre 1905 e 1910, para produzir o Modelo T. É verdade, como já se falou tantas vezes, que a Ford não fez nenhuma grande contribuição à invenção tecnológica. A fábrica de produção em massa, criada e desenvolvida por Ford entre 1905 e 1910, não apresentava nenhuma novidade: as peças intercambiáveis já eram conhecidas desde antes de Eli Whitney, um século antes; a correia transportadora e outros meios de mover materiais já eram usados há 30 anos ou mais, principalmente nas fábricas de embalagem de carne de Chicago. Poucos anos antes de Ford, Otto Doering utilizou – na construção da primeira grande fábrica de vendas por catálogo da Sears em Chicago, a Roebuck – praticamente todos os recursos técnicos que Ford usaria em Highland Park, Detroit, para produzir o Modelo T. O próprio Henry Ford era um inventor bastante talentoso que encontrou soluções simples e elegantes para uma série de problemas técnicos – desde o desenvolvimento de novos aços de liga até a melhoria de quase todas as máquinas operatrizes utilizadas na fábrica. Mas sua contribuição foi uma inovação: uma solução técnica para o problema econômico de produzir grande número de produtos com a maior qualidade e o menor custo possível. E essa inovação teve um impacto na nossa vida maior do que muitas das grandes invenções técnicas do passado.

A abordagem sistemática

A produção em massa representa também uma nova dimensão à tecnologia neste século: a abordagem sistemática. A produção em massa não é um fator ou um conjunto de fatores. É um conceito – uma visão unificada do processo produtivo. Depende, evidentemente, de grande número de fatores, como máquinas e ferramentas, mas não parte deles. Os fatores são decorrentes da visão do sistema.

O programa espacial de hoje é outro sistema como esse, cuja base conceitual é a verdadeira inovação. Ao contrário da produção em massa, contudo, o programa espacial requer grande quantidade de novas invenções, assim como de novas descobertas científicas. No entanto, os conceitos científicos fundamentais por trás do programa espacial não representam nenhuma novidade – resumem-se, de modo geral, à física newtoniana. O que é novo é a ideia de levar o homem ao espaço utilizando uma abordagem organizada e sistemática.

A automação é um conceito sistemático, mais parecido com a produção em massa de Ford do que com o programa espacial. Mesmo antes de cunharem o termo, já havia diversos exemplos de verdadeira automação. Qualquer refinaria de petróleo construída nos últimos 40 anos é, em essência, automatizada. Mas, enquanto alguém não vê o processo produtivo inteiro como um fluxo contínuo e controlado de materiais, não há automação. Isso gerou grande quantidade de novas atividades tecnológicas para desenvolver computadores, controles de processo para máquinas, equipamentos de movimentação de materiais etc. Mesmo assim, a tecnologia básica para automatizar grande parte dos processos industriais já existe há muito tempo. Só faltava uma abordagem sistemática para convertê-los em inovação.

A abordagem sistemática, que considera uma série de atividades e processos antes desconexos como parte de um todo maior e integrado, não é algo tecnológico em si. É, ao contrário, uma forma de enxergar o mundo e a nós mesmos. Deve muito à psicologia da *Gestalt* (da palavra alemã "configuração" ou "estrutura"), que demonstrou que não vemos linhas e pontos numa pintura, mas configurações – isto é, um todo – e que não ouvimos sons isolados por tons, mas o tom em si – a configuração. E a abordagem sistemática também foi gerada pelas tendências tecnológicas do século XX: a ligação entre a tecnologia e a ciência, o desenvolvimento da disciplina sistemática de pesquisa e a inovação. A abordagem sistemática, aliás, é uma medida de nossa recém-descoberta capacidade tecnológica. Em épocas mais remotas, visualizavam-se sistemas, mas faltavam recursos tecnológicos para colocar em prática essas visões.

A abordagem sistemática também aumenta incrivelmente o poder da tecnologia. Permite que os tecnólogos de hoje falem de materiais, em vez de aço, vidro, papel ou concreto, cada um com sua própria (e antiquíssima) tecnologia. Atualmente, consideramos o conceito genérico – materiais, que são disposições diferentes dos mesmos constituintes básicos da matéria. Desse modo, o que acontece é que estamos ocupados concebendo materiais que não existem na natureza: fibras sintéticas, plásticos, vidros que não quebram e vidros que conduzem eletricidade etc. Cada vez mais, decidimos primeiro o fim desejado e depois escolhemos ou criamos o material que queremos usar para alcançar nosso objetivo. Definimos, por exemplo, as propriedades específicas que queremos num recipiente e depois decidimos se o melhor material para alcançar o resultado desejado é o vidro, o aço, o alumínio, o papel, o plástico ou um das centenas de materiais em conjunto. É isso que significa "revolução de materiais", cujas manifestações específicas são tecnológicas, mas cujas raízes encontram-se num conceito sistemático.

Estamos, da mesma forma, à beira de uma "revolução de energia" – fazendo novos usos de fontes de energia, como energia atômica, energia solar, energia maremotriz etc. –, mas também com um novo conceito sistemático: energia. Mais uma vez, esse conceito é resultado de grandes desenvolvimentos tecnológicos – principalmente no caso da energia nuclear – e o ponto de partida de grandes trabalhos na área. À nossa frente, ainda incipiente, está o maior trabalho sistemático que conseguimos enxergar: a exploração e o desenvolvimento sistemático dos oceanos.

A água cobre cerca de três quartos da superfície da Terra. Como a água (ao contrário do solo) é penetrada pelos raios de Sol a uma profundidade considerável, o processo básico da fotossíntese acontece muito mais no mar do que na terra – além do fato de que cada centímetro quadrado do oceano é fértil. E a própria água do mar, assim como o fundo do mar, é rica em metais e minerais. No entanto, mesmo hoje em dia, no que se refere aos oceanos, ainda somos caçadores nômades em vez de cultivadores. Estamos no mesmo estágio inicial de desenvolvimento de nossos antepassados, há quase 10 mil anos, quando eles começaram a cultivar a terra. Comparativamente, pequenos esforços para adquirir conhecimento a respeito dos oceanos e desenvolver tecnologia para cultivá-los deveriam, portanto, render resultados – não apenas em relação ao conhecimento, mas também à alimentação, energia e matérias-primas – muito maiores do que os que poderíamos obter com a exploração das terras já exploradas dos continentes. O desenvolvimento oceânico, não a exploração espacial, deverá ser o verdadeiro objeto de estudo do próximo século. Por trás desse desenvolvimento estará o conceito dos oceanos como sistema, resultante de desenvolvimentos tecnológicos como o submarino, que desencadeará novos trabalhos tecnológicos como o projeto Mohole, de perfurar a crosta sólida do fundo do mar.

Existem muitas outras áreas em que a abordagem sistemática pode causar grande impacto, desencadeando importantes iniciativas tecnológicas e, por conseguinte, gerando grandes mudanças em nossa forma de viver e em nossa capacidade de execução. Um exemplo são as cidades modernas – uma criação, em grande parte, da tecnologia moderna.

Uma das maiores invenções do século XIX foi a invenção em si, como já foi dito muitas vezes. A invenção está por trás do enorme desenvolvimento tecnológico dos anos entre 1860 e 1900, "a era heroica da invenção". Pode-se dizer também que a grande invenção do início do século XX foi a inovação – a base da busca deliberada de organizar mudanças conscientes de áreas inteiras da vida que caracteriza a abordagem sistemática.

A inovação e a abordagem sistemática estão dando seus primeiros passos. Seu grande impacto, provavelmente, acontecerá mais tarde. No entanto, já conseguimos sentir sua influência em nossa vida, nossa sociedade e nossa visão de mundo, além das modificações profundas no mundo tecnológico e nas funções da tecnologia.

CAPÍTULO 5

A civilização pré-tecnológica de 1900*

A civilização pré-tecnológica de 1900

O HOMEM MODERNO DE QUALQUER LUGAR considera natural a civilização tecnológica. Nem os primitivos das selvas de Bornéu ou dos Andes, que talvez ainda vivam na Idade do Bronze e em cabanas de barro, como viveram por milhares de anos, precisam de explicação quando o filme a que estão assistindo mostra um interruptor sendo ligado, um telefone sendo atendido, a ignição de um automóvel, a decolagem de avião ou o lançamento de algum satélite. Em meados do século XX, a raça humana passou a sentir que a tecnologia moderna contém a promessa de superar a pobreza na Terra e de conquistar o espaço sideral. Percebemos também que a tecnologia traz em si a ameaça de extinguir toda a humanidade de uma vez, numa catástrofe sem precedentes. Ou seja, a tecnologia é o centro da percepção e experiência humana atual.

Por outro lado, no começo do século XX, a tecnologia moderna mal existia para a grande maioria das pessoas. Em termos geográficos, a Revolução Industrial e seus frutos tecnológicos, em 1900, estavam restritos a uma

---

* Publicado originalmente no volume 2 de *Technology in Western Civilization*, ed. Melvin Kranzberg e Carroll W. Pursell Jr. (Nova York: Oxford University Press, 1967).

pequena minoria, a saber, às pessoas de descendência europeia e que viviam em torno da costa atlântica norte. Somente o Japão, dos países não europeus e não ocidentais, começou a desenvolver uma indústria e uma tecnologia modernas nessa época, mas em 1900 a modernidade no país ainda dava seus primeiros passos. Nas aldeias indianas, nas cidades chinesas, nos bazares persas, a vida ainda era pré-industrial, sem notícia da máquina a vapor, do telégrafo e de todas as outras novas ferramentas do Ocidente. Aliás, era quase um axioma – tanto para os ocidentais quanto para os não ocidentais – a questão de a tecnologia moderna, bem ou mal, ser cria do homem branco, ficando, portanto, restrita a ele. Essa premissa fundamentou o imperialismo do período anterior à Primeira Guerra Mundial e foi compartilhada por orientais eminentes, como Rabindranath Tagore (1861-1941), poeta indiano, vencedor do Prêmio Nobel, e Mahatma Gandhi (1869-1948), que, pouco tempo antes da Primeira Guerra Mundial, deu início à sua longa luta pela independência da Índia. Havia, na verdade, uma aparente base fatual para alimentar essa crença, mesmo que somente como preconceito, até a Segunda Guerra Mundial. Hitler, por exemplo, batizou os japoneses de "arianos honoríficos" e os considerava "europeus disfarçados" basicamente porque eles haviam dominado a tecnologia moderna. Nos Estados Unidos, o mito perdurou com a ideia generalizada, antes de Pearl Harbor, de que os japoneses, por não serem de origem europeia, não saberiam manusear aquelas armas da tecnologia moderna, como aviões e encouraçados.

No Ocidente, porém, mesmo nos países mais desenvolvidos – Inglaterra, Estados Unidos e Alemanha –, a tecnologia moderna, em 1900, desempenhava um papel insignificante na vida de grande parte das pessoas, a maioria fazendeiros ou artesãos que moravam no campo ou em pequenos vilarejos. As ferramentas que eles usavam e a vida que levavam eram pré-industriais, sem contato com a tecnologia moderna que avançava tão rápido ao seu redor. Somente em algumas cidades grandes a tecnologia moderna apresentava-se no cotidiano – nos bondes elétricos, cada vez mais importantes pela eletricidade após 1890, e no jornal diário, dependente do telégrafo e impresso em prelos movidos a vapor. Apenas lá a tecnologia moderna passou a fazer parte dos lares, com lâmpadas elétricas e telefone.

Mesmo assim, para os ocidentais de 1900, a tecnologia moderna tornara-se motivo de grande empolgação. Era a época das grandes mostras internacionais, e em todas elas um novo "milagre" da invenção técnica roubava o show. Nesses anos também, as ficções tecnológicas tornaram-se bestsellers, de Moscou a San Francisco. Por volta de 1880, os livros do francês Júlio Verne (1828-1905), como *Viagem ao centro da Terra* e *Vinte mil léguas submarinas*, se popularizaram. Em 1900, o romancista inglês H.G. Wells (1866-1946), cuja obra inclui o romance tecnológico *A máquina do tempo* (1893), tornou-se ainda mais popular. E havia uma fé praticamente ilimitada na benevolência do progresso tecnológico. Toda essa animação, porém, concentrava-se em *fatores*. Que esses fatores poderiam e iriam ter um impacto na sociedade, no comportamento e na forma de pensar das pessoas pouca gente previu.

Os avanços da tecnologia neste século são realmente impressionantes. No entanto, poderíamos argumentar que as bases para a maioria desses avanços foram estabelecidas na década de 1900, mais precisamente em 1910. A luz elétrica, o telefone, a película de cinema, o fonógrafo e o automóvel foram todos inventados até 1900 e, aliás, vendidos a rodo por empresas prósperas e em ascensão. O avião, a válvula eletrônica e a radiotelegrafia foram invenção do início do novo século.

As mudanças que a tecnologia havia ocasionado na sociedade e na cultura desde então não tinham, contudo, como ser percebidas pelos homens de 1900. A explosão geográfica da tecnologia criou a primeira civilização mundial, uma civilização tecnológica. O centro do mundo já havia mudado para milhares de quilômetros de distância da Europa ocidental, tanto em direção ao leste quanto ao oeste. Mais importante do que isso, a tecnologia moderna neste século fez a humanidade repensar antigos conceitos, como a posição das mulheres na sociedade, e reorganizar as instituições básicas – trabalho, educação e operações militares, por exemplo. Grande número de pessoas nos países tecnologicamente avançados deixou de trabalhar com as mãos e passou a trabalhar com a mente, quase sem contato direto com materiais e ferramentas. A tecnologia mudou nosso meio ambiente, que deixou de ser rural e passou a ser urbano. Nosso horizonte mudou. Se, por um lado, a tecnologia transformou o mundo inteiro numa comunidade compacta que compartilha conhecimento, informações, esperanças e medos, por outro trouxe o espaço sideral para a nossa realidade imediata e consciente. Transformou uma promessa e uma ameaça apocalíptica em possibilidades concretas e pragmáticas: a utopia de um mundo sem pobreza ou a destruição final da humanidade.

Por fim, nos últimos 60 anos, nossa visão da tecnologia em si mudou. Não a vemos mais vinculada somente a *objetos*. Hoje em dia, a tecnologia é uma questão do homem também. Em consequência dessa nova perspectiva, chegamos à conclusão de que a tecnologia não é, como acreditavam nossos avós, a varinha de condão que pode fazer todas as limitações e problemas humanos desaparecerem. Sabemos agora que o potencial tecnológico que temos é, aliás, muito maior do que eles pensavam. Mas também aprendemos que a tecnologia, por ser criação do homem, é algo tão problemático e ambivalente – capaz de fazer bem e fazer mal – quanto o seu criador.

Neste ensaio, procurarei enfatizar algumas das mudanças mais importantes que a tecnologia moderna promoveu em nossa sociedade e cultura, e algumas mudanças em nossa própria visão e abordagem relacionada à tecnologia até o século XX.

A tecnologia reestrutura as instituições sociais

A história do século XX, até a década de 1960, pode ser dividida em três grandes períodos: o período anterior à deflagração da Primeira Guerra Mundial em 1914 – um período cultural e politicamente muito parecido com o século XIX; o período que abrange a Primeira Guerra Mundial e os 20 anos entre 1918 e a deflagração da Segunda Guerra Mundial em 1939; e o período que vai da Segunda Guerra Mundial até os dias de hoje. Em cada um desses períodos, a tecnologia moderna foi responsável por moldar as instituições básicas da sociedade ocidental. E, no período mais recente, começou também a solapar e refazer muitas das instituições básicas da sociedade não ocidental.

Emancipação feminina

Nos anos anteriores à Primeira Guerra Mundial, a tecnologia, em grande parte, viabilizou a emancipação feminina e deu às mulheres uma nova posição na sociedade. Nenhuma feminista do século XIX, como Susan B.

Anthony, teve um impacto tão grande na posição social das mulheres quanto a máquina de escrever e o telefone. Em 1880, se o anúncio "Precisa-se" dissesse "datilógrafos" ou "telegrafistas", todo mundo sabia que o emprego destinava-se a homens, enquanto em 1910 um anúncio de emprego para datilógrafos ou telefonistas era claramente para mulheres. A máquina de escrever e o telefone possibilitaram que uma moça de família decente saísse de casa e se sustentasse sozinha, sem depender de marido ou pai. A necessidade de mulheres para operar máquinas de escrever e mesas telefônicas obrigou até os governos europeus mais relutantes a oferecerem educação secundária pública para mulheres, representando o maior passo rumo à igualdade entre os sexos. A grande quantidade de moças respeitáveis e instruídas nas empresas da época demandou mudanças nas antigas normas, que privavam as mulheres do direito de assinar contratos ou de controlar seus ganhos e propriedades, forçando os homens, em 1920, a dar às mulheres o direito de voto em quase todos os países do mundo ocidental.

Mudanças na organização do trabalho

A tecnologia gerou uma transformação ainda maior a partir da Primeira Guerra Mundial, com a renovação do trabalho manual, ganha-pão da grande maioria dos trabalhadores – como ainda acontece nos países tecnologicamente subdesenvolvidos. O ponto de partida foi a aplicação de princípios tecnológicos modernos ao trabalho manual – a chamada "administração científica", desenvolvida em grande parte por um americano, Frederick Winslow Taylor (1856-1915).

Enquanto Henry Ford foi responsável pela inovação sistemática da produção em massa, Taylor aplicou às operações manuais os princípios que os criadores de máquinas aplicaram ao trabalho das ferramentas no século XIX: identificar o trabalho a ser feito, dividi-lo em operações individuais, estabelecer a forma certa de realizar cada operação e, por fim, juntar as operações, dessa vez na sequência que seja mais rápida e econômica. Hoje em dia, isso não é nenhuma novidade para nós, mas na época era a primeira vez que se dedicava alguma atenção ao conceito de trabalho. Ao longo da história, essa questão nunca foi considerada.

O resultado imediato da administração científica foi um corte revolucionário no custo dos produtos manufaturados, que chegaram a custar 10% ou 5% do que custavam antes. O que antes era um artigo de luxo inacessível para quem não tivesse muito dinheiro, como automóveis ou utensílios domésticos, tornou-se rapidamente disponível para as grandes massas. Mais importante do que isso talvez seja o fato de que a administração científica possibilitou grandes aumentos de salário, mesmo baixando o custo final dos produtos. Até então, baixar custos de produtos finalizados sempre significou baixar o salário do trabalhador que os produzia. A administração científica pregava o contrário: que os custos mais baixos deveriam significar salários mais altos e maior renda para o trabalhador. Essa, aliás, foi a principal missão de Taylor e seus discípulos, que, ao contrário de muitos tecnólogos anteriores, eram motivados tanto por considerações técnicas quanto por razões sociais. A "produtividade", de repente, tornou-se algo que o tecnólogo poderia melhorar ou criar. E, com isso, o padrão de vida de toda uma economia poderia também ser melhorado – uma ideia totalmente inconcebível alguns anos antes.

Ao mesmo tempo, a administração científica transformou rapidamente a estrutura e a composição da força de trabalho. Primeiro, gerou um aprimoramento substancial da mão de obra. O "trabalhador braçal" não qualificado com um salário básico para sua subsistência – o maior grupo de trabalhadores do século XIX – tornou-se obsoleto. Em seu lugar, surgiu um novo grupo: os operadores de máquina – os trabalhadores da linha de montagem de automóveis, por exemplo. Os operadores de máquina provavelmente não eram mais capacitados do que os trabalhadores braçais de antes, mas o conhecimento dos tecnólogos havia sido incorporado em seu trabalho por meio da administração científica de modo que eles pudessem receber – e logo receberam – o salário de um trabalhador altamente qualificado. Entre 1910 e 1940, os operadores de máquina tornaram-se o maior grupo de trabalhadores profissionais dos países industriais, passando à frente dos operários e dos produtores agrícolas. As consequências disso no consumo de massa, nas relações trabalhistas e na política foram enormes e ainda nos influenciam.

O trabalho de Taylor baseava-se na premissa de que o conhecimento era a principal fonte produtiva, não a habilidade manual. O próprio Taylor defendia a ideia de que a produtividade exigia que a "execução" fosse separada do "planejamento", isto é, que se baseasse em conhecimento tecnológico sistemático. Seu trabalho gerou grande aumento no número de empregos para pessoas instruídas e, em última instância, uma mudança completa no foco profissional, que passou do trabalho manual para o conhecimento.

O que hoje em dia chamamos de automação é, conceitualmente, uma extensão lógica da administração científica de Taylor. Uma vez analisadas como operações de máquina e organizadas como tal (a administração científica possibilitou isso), as operações deveriam poder ser realizadas por máquinas, não pela mão do homem. O trabalho de Taylor aumentou imediatamente a demanda por trabalhadores qualificados na força de trabalho e, com o tempo, após a Segunda Guerra Mundial, começou a produzir mão de obra em países avançados, como os Estados Unidos, onde os trabalhadores qualificados que aplicavam seu conhecimento no trabalho passaram a ser os verdadeiros "trabalhadores", superando os trabalhadores manuais, fossem eles operários, operadores de máquina ou artífices.

A substituição do esforço manual pelo conhecimento como fonte de produção no trabalho é a maior mudança na história do trabalho, que é, evidentemente, um processo tão antigo quanto a própria humanidade. Essa mudança ainda está acontecendo, mas, nos países industrialmente avançados, sobretudo nos Estados Unidos, a sociedade já está completamente modificada. Em 1900, 18 de cada 20 americanos ganhavam a vida com trabalho manual, 10 deles como agricultores. Em 1965, apenas 5 de 20 americanos, numa força de trabalho muito maior, faziam trabalho manual, e somente um era agricultor. O resto ganhava a vida basicamente com conhecimento, conceitos e ideias – enfim, com coisas aprendidas na escola, não na labuta. Evidentemente, nem todo esse conhecimento é avançado. O caixa de uma lanchonete também é um "trabalhador do conhecimento", apesar de muito limitado. Seu trabalho, porém, exige instrução, isto é, um treinamento mental sistemático, em vez de habilidade no sentido de prática.

O papel da educação

Como resultado, o papel da educação na sociedade industrial do século XX mudou – outra das grandes mudanças geradas pela tecnologia. Em 1900, a tecnologia tinha avançado tanto que a alfabetização se tornara uma necessidade social nos países industriais. Cem anos antes, a alfabetização era basicamente um luxo no que se referia à sociedade. Só algumas poucas pessoas – ministros, advogados, médicos, representantes do governo e comerciantes – precisavam saber ler e escrever. Mesmo para um general de alto posto, como o parceiro de Wellington em Waterloo, o prussiano Field Marshal Blücher, o analfabetismo não era um obstáculo nem uma desgraça. Nas fábricas e nas empresas de 1900, contudo, o empregado tinha de saber ler e escrever, mesmo que em nível elementar. Em 1965, quem não tinha formação superior – mais avançada do que qualquer outra capacitação nos últimos 200 anos – estava incapacitado para trabalhar. A educação deixara de ser um detalhe, um luxo, passando a representar o principal recurso econômico da sociedade tecnológica. A educação, portanto, está rapidamente se tornando um centro de gastos e investimentos na sociedade industrialmente desenvolvida de hoje.

Essa ênfase na educação está criando uma sociedade modificada. Atualmente, quase todo mundo tem acesso à educação, talvez somente porque a sociedade precise do máximo possível de pessoas instruídas. O homem de formação superior sofre com a questão de classe e as barreiras salariais, que impedem o total exercício de seu conhecimento, e, como a sociedade requer e valoriza os serviços de especialistas, seus talentos precisam ser reconhecidos e recompensados por ela. Numa civilização completamente tecnológica, a educação substitui o dinheiro e a posição hierárquica como indicador de status e oportunidades.

Mudança nas operações militares

Na época do final da Segunda Guerra Mundial, a tecnologia havia modificado totalmente a natureza das operações militares e da guerra como instituição. Quando Karl von Clausewitz (1780- 1831), o pai do pensamento estratégico moderno, chamava a guerra de "uma continuação da política por outros meios", estava apenas expressando num epigrama o que todo líder político e todo líder militar sempre souberam. A guerra sempre foi um jogo de aposta, cruel e destrutivo. De acordo com os grandes líderes religiosos, guerra é pecado. No entanto, também não deixa de ser uma instituição da sociedade humana e uma ferramenta lógica da política. Muitos contemporâneos, inclusive o próprio Clausewitz, consideravam Napoleão um ser malvado, mas ninguém o julgava louco por usar a guerra como meio de impor sua política na Europa.

O lançamento da primeira bomba atômica em Hiroshima em 1945 mudou tudo isso. Desde então, está cada vez mais evidente que as grandes guerras não podem ser consideradas como algo normal, muito menos lógico. A guerra total deixou de ser uma instituição prática da sociedade humana, pois na guerra tecnológica moderna não há vencedores nem perdedores. Só há destruição. Não existe posição neutra. Todos são combatentes.

Uma civilização tecnológica mundial

A Segunda Guerra Mundial levou a tecnologia moderna, em suas formas mais avançadas, ao cantos mais remotos do planeta. Todos os exércitos do mundo precisaram da tecnologia moderna para financiar suas operações e comprar instrumentos de guerra. E todos usavam não ocidentais – fosse como soldados em guerras tecnológicas ou como trabalhadores na operação de maquinaria moderna – para fornecer material de guerra. Isso fez todo mundo prestar atenção ao poder da tecnologia moderna.

Tal fato, porém, pode não ter tido um impacto revolucionário nas sociedades mais antigas, não ocidentais e não tecnológicas, mas representou uma promessa da administração científica de possibilitar o desenvolvimento econômico sistemático. O recém-descoberto poder de gerar produtividade a partir de esforços sistemáticos – que hoje chamamos de industrialização – elevou o que o presidente John F. Kennedy chamava de "crescente maré das expectativas humanas", a esperança de que a tecnologia pudesse banir a maldição milenar de doenças, morte prematura, miséria e exploração do trabalho. Isso requer, dentre outras coisas, a aceitação por parte da sociedade de uma civilização totalmente tecnológica.

A mudança de foco na luta entre as ideologias sociais mostra isso claramente. Antes da Segunda Guerra Mundial, o capitalismo e o comunismo geralmente eram medidos no mundo inteiro por sua pretensa capacidade de criar uma sociedade livre e justa. A partir da Segunda Guerra Mundial, a questão passou a ser: que sistema é melhor para acelerar o desenvolvimento econômico rumo a uma civilização tecnológica moderna? A história na Índia é um pouco diferente. Até sua morte, em 1948, Mahatma Gandhi foi contra a industrialização, procurando um regresso à tecnologia pré-industrial, simbolizada pela roda de fiar manual. Seu companheiro próximo e discípulo, Jawaharlal Nehru (1889-1964), todavia, foi obrigado pela opinião pública a abraçar o "desenvolvimento econômico", isto é, a industrialização acelerada com ênfase na tecnologia de ponta, tão logo se tornou primeiro-ministro da Índia independente, em 1947.

Mesmo no Ocidente, onde se desenvolveu a partir da cultura nativa, a tecnologia do século XX gerou problemas fundamentais para a sociedade e colocou em xeque – para não dizer derrubou – as instituições sociais e políticas profundamente enraizadas. Qualquer que seja a área, a tecnologia exerce um grande impacto: na posição da mulher dentro da sociedade, no trabalho, nos trabalhadores, na educação, na mobilidade social, nas operações militares. Sendo assim, a tecnologia moderna das sociedades não ocidentais exige um corte radical com a tradição cultural e social, e produz uma crise fundamental na sociedade. A forma como o mundo não ocidental lidará com essa crise determinará, em grande parte, nossa história no século XX – inclusive se ainda haverá história humana. Mas, a menos que desapareçamos por completo da face da Terra, nossa civilização será, irrevogavelmente, uma civilização tecnológica.

O homem se direciona para um ambiente fabricado pelo homem

Em 1965, o número de pessoas vivendo da terra nos Estados Unidos havia diminuído para 1 em 20. O homem se tornou um habitante da cidade. Ao mesmo tempo, na cidade o trabalho é cada vez mais mental e menos material. O homem do século XX, portanto, saiu de um ambiente essencialmente rural para um ambiente – as grandes cidades e o trabalho com conhecimento técnico – fabricado pelo homem. O agente dessa mudança foi, evidentemente, a tecnologia.

A tecnologia, conforme mencionado anteriormente, está por trás da mudança do trabalho manual para o trabalho mental. Explica o grande aumento da produtividade na agricultura. Em países tecnologicamente desenvolvidos, como os Estados Unidos ou os países da Europa ocidental, a tecnologia possibilitou que os agricultores produzissem, em pedaços menores de terra, cerca de 15 vezes mais do que seus antepassados em 1800 e aproximadamente 10 vez mais do que os agricultores de 1900. Ou seja, graças à tecnologia, o homem pôde cortar suas raízes na terra e se tornar um cidadão urbano.

Aliás, a urbanização passou a ser considerada o índice de desenvolvimento econômico e social de um país. Nos Estados Unidos e nos países altamente industrializados da Europa ocidental, mais de três quartos da população vivem nos grandes centros urbanos e em suas periferias. Um país como a União Soviética, em que metade de seu povo ainda precisa trabalhar na terra para conseguir subsistir, é, por mais desenvolvido que seja em termos industriais, um "país subdesenvolvido".

A cidade grande constitui, porém, não apenas o centro da tecnologia moderna, mas uma de suas criações. A mudança da força animal para a força mecânica, sobretudo a energia elétrica (que não depende de terras pastoris), possibilitou a concentração de grandes instalações produtivas em uma única área. Materiais e métodos de construção modernos possibilitam abrigar e abastecer grandes populações em pequenos locais. No entanto, o pré-requisito mais importante de uma cidade grande moderna talvez sejam as comunicações – o núcleo de uma cidade e a principal razão de sua existência. A mudança no tipo de trabalho que uma sociedade tecnológica requer é outro importante motivo para o rápido crescimento das grandes metrópoles. Uma sociedade moderna requer que um número quase infinito de especialistas de diversas áreas seja facilmente acessível e economicamente viável para novos trabalhos. Empresas e repartições públicas se mudam para cidades onde possam encontrar os advogados, contadores, publicitários, artistas, engenheiros, médicos, cientistas e outros profissionais de que precisam. Esses profissionais qualificados, por sua vez, se mudam para as grandes cidades atrás de possíveis empregadores e clientes.

Há 60 anos apenas, o homem dependia da natureza, e a principal ameaça ao trabalho eram catástrofes naturais, tempestades, enchentes ou terremotos. Hoje em dia, dependemos da tecnologia, e nossas maiores ameaças são os colapsos tecnológicos. As maiores cidades do mundo se tornariam inabitáveis em 48 horas se fosse interrompido o abastecimento de água ou o sistema de esgoto parasse de funcionar. O homem, habitante da cidade, é cada vez mais dependente da tecnologia. Nosso habitat já não é o ambiente natural de ventos e chuvas, solo e terra, mas um meio ambiente fabricado. A natureza deixou de ser uma experiência imediata. As crianças de Nova York vão ao zoológico do Bronx para ver uma vaca. Enquanto há 60 anos uma curtição rara para a maioria dos americanos era fazer uma viagem à cidade-mercado mais próxima, a maioria das pessoas dos países tecnologicamente desenvolvidos de hoje procura "voltar à natureza" nas férias.

A tecnologia moderna e o horizonte humano

Uma antiga sabedoria – mais antiga que os gregos – afirmava que uma comunidade limitava-se à área em que as notícias pudessem se espalhar do nascer do sol ao ocaso. Isso dava a uma "comunidade" o diâmetro de uns 80 quilômetros mais ou menos. Apesar de cada império – o império persa, o império romano, o império chinês e o império inca – ter tentado expandir essa distância construindo estradas e organizando serviços de correio com entrega acelerada, os limites de nosso horizonte até o final do século XIX permaneceram inalterados e restritos à distância que se podia percorrer a pé ou a cavalo durante um dia.

Em 1900, já havia mudanças significativas. As estradas de ferro estenderam o limite da viagem de um dia a cerca de mil quilômetros ou mais – a distância entre Nova York e Chicago ou entre Paris e Berlim. Além disso, pela primeira vez, as notícias passaram a independer do transporte humano, graças ao telégrafo, que transmitia informações a qualquer lugar do mundo quase imediatamente. Não é por acaso que um dos livros de ficção tecnológica mais conhecidos até hoje seja o livro de Júlio Verne, *A volta ao mundo em oitenta dias*, pois a vitória sobre a distância talvez represente uma das maiores dádivas que a tecnologia moderna trouxe ao homem.

Hoje em dia, o mundo inteiro é uma comunidade, se considerarmos o antigo parâmetro de um dia de viagem. O avião a jato pode chegar, em menos de 24 horas, a praticamente qualquer aeroporto do planeta. E, ao contrário de outras épocas, o homem comum de hoje pode viajar, e viaja de um lado para o outro sem se restringir ao pequeno povoado onde nasceu. O automóvel deu a quase todo mundo o poder da mobilidade, e, junto com a capacidade física de se locomover, surgem novos panoramas mentais e novas condições sociais. A revolução tecnológica na agricultura americana começou de verdade quando os agricultores adquiriram rodas, tornando-se imediatamente móveis, também, em seus hábitos mentais, com acesso a novas ideias e técnicas. O início do movimento pelos direitos civis dos negros no sul dos Estados Unidos se deu com o carro usado. Dentro de um Modelo T, um negro era tão poderoso quanto qualquer homem branco, e semelhante a ele. Da mesma forma, os trabalhadores índios nas plantações de cana do Peru que aprenderam a dirigir caminhões não precisaram mais se sujeitar aos gerentes brancos por terem adquirido o novo poder da mobilidade, um poder maior do que os reis mais poderosos de antigamente poderiam imaginar. Não é de se espantar que todo jovem sonhe em ter o próprio carro. A mobilidade sobre quatro rodas é um verdadeiro símbolo da liberdade em relação às amarras da autoridade tradicional.

Notícias, dados, informações e imagens tornaram-se ainda mais móveis do que as pessoas porque viajam em "tempo real", isto é, chegam praticamente ao mesmo tempo em que acontecem. Tornaram-se, além disso, mundialmente acessíveis. Qualquer pessoa com um pequeno radinho de pilha pode ouvir, em seu próprio idioma, notícias sobre as maiores capitais do mundo. A televisão e o cinema apresentam o mundo em todos os lugares, como experiência imediata. E, extrapolando os limites de nosso próprio planeta, nas últimas duas décadas o horizonte do homem expandiu-se ao espaço sideral. A tecnologia do século XX, portanto, não levou os seres humanos apenas a um mundo maior. Estamos num mundo diferente.

A tecnologia e o homem

Neste mundo diferente, a própria tecnologia é vista de maneira diferente. Sabemos de sua importância em nossa vida e, aliás, na vida de todos os seres humanos ao longo da história. Estamos percebendo aos poucos que as grandes questões da tecnologia não são técnicas, mas humanas, e que é fundamental conhecer a história e a evolução da tecnologia para compreender nossa história. Além disso, está cada vez mais claro que, se não compreendermos a história, o desenvolvimento e a dinâmica da tecnologia, nunca dominaremos nossa civilização tecnológica contemporânea. Ao contrário, seremos dominados por ela.

O otimismo ingênuo de 1900, quando se esperava de certa forma que a tecnologia criasse o paraíso na Terra, seria compartilhado por poucas pessoas hoje em dia. A maioria também perguntaria: o que a tecnologia faz *com* o homem além de para ele? Porque é evidente que a tecnologia, afora os benefícios, também causa problemas e perigos. Primeiro, o desenvolvimento econômico baseado na tecnologia carrega a promessa de acabar com a pobreza em grande parte do mundo. Mas existe também o perigo de uma guerra total que levaria à destruição de tudo. E a única maneira que conhecemos hoje de controlar esse perigo é manter, em tempos de paz, um nível de armamento nos principais países industriais maior do que qualquer outra nação já manteve. Dá para ver que isso não resolve o problema. Além disso, a tecnologia moderna relacionada à saúde pública – sobretudo os inseticidas – aumentou consideravelmente a expectativa de vida da humanidade. No entanto, como as taxas de natalidade nos países subdesenvolvidos permanecem altas como antes e os índices de mortalidade caíram, as nações pobres do mundo se veem ameaçadas pela explosão demográfica, que não só consome todos os frutos do desenvolvimento econômico, como também pode gerar mais fome no mundo e novas epidemias. No governo, a tecnologia e a economia modernas encontradas inviabilizaram o Estado nacional como modelo. Mesmo a Grã-Bretanha, com 50 milhões de habitantes, nas últimas décadas mostrou-se incapaz de subsistir e prosperar como nação economicamente independente com base em sua própria produção e mercado. O nacionalismo ainda é a força política predominante, como comprova o desenvolvimento de novas nações na Ásia e na África. Entretanto, a revolução no setor de transportes e comunicação tornou as fronteiras nacionais um anacronismo, pois não são respeitadas nem pelos aviões nem pelas ondas eletrônicas.

As metrópoles tornaram-se o habitat do homem moderno. Contudo, por mais paradoxal que possa parecer, não sabemos como torná-las habitáveis. Precisamos efetivar instituições políticas para governá-las. A decadência urbana e os engarrafamentos, a superpopulação e a criminalidade, a delinquência juvenil e a solidão são fatores endêmicos em todas as grandes cidades modernas. Ninguém em sã consciência afirmaria que uma cidade moderna atual oferece um ambiente esteticamente satisfatório. O afastamento do contato direto com a natureza no trabalho do solo e com materiais nos permitiu viver muito melhor. No entanto, a mudança tecnológica em si parece ter adquirido tanta velocidade que acabou nos privando das referências culturais e psicológicas de que precisamos.

Os críticos da tecnologia e os dissidentes do otimismo tecnológico em 1900 eram vozes solitárias. O desencantamento em relação à tecnologia não se tornou manifesto até depois da Primeira Guerra Mundial, na Grande Depressão. A primeira grande crítica surgiu no romance *Admirável mundo novo*, do escritor inglês Aldous Huxley (1894-1963), publicado em 1932, bem no início da Depressão. Em seu livro, Huxley descrevia a sociedade de um futuro próximo em que a tecnologia havia dominado a humanidade, e o homem, por sua vez, tornara-se seu escravo abjeto, sem privações físicas, sem saber o que é pobreza ou dor, mas também sem liberdade, beleza ou criatividade – sem vida pessoal. Cinco anos depois, o ator mais popular da época, o grande Charles Chaplin (1889–), resolveu transmitir a mesma ideia no filme *Tempos modernos*, que retratava o homem comum como a vítima desafortunada e impotente de uma tecnologia desumanizada. Esses dois artistas disseram tudo: só ao renunciar completamente à civilização moderna o homem pode sobreviver como indivíduo. Esse tema tem sido recorrente desde então e cada vez com mais força. Os pessimistas de hoje, todavia, sofrem de uma espécie de desilusão amorosa: a "sociedade feliz do passado pré-industrial" que invocaram nunca existiu. No final do século XIII, Gengis Khan e seus mongóis, cujos ataques abarcaram uma área que ia da China à Europa central, mataram a mesma quantidade de pessoas – numa proporção muito maior, por conta de uma população muito menor – que as duas guerras mundiais e Hitler juntos, embora sua única tecnologia fosse o arco e a flecha.

Por mais justificada que seja a tese de Huxley e Charlie Chaplin, ela é estéril. O repúdio à tecnologia que eles defendiam evidentemente não é a resposta. A única alternativa positiva à destruição pela tecnologia é fazer a tecnologia trabalhar para nós. Em última instância, isso certamente significa o domínio do homem sobre si mesmo porque, se tivermos de culpar alguma coisa, não será a ferramenta, mas o fabricante e o usuário. "Pobre do marceneiro que culpa suas ferramentas!", diz um antigo provérbio. Foi ingenuidade dos otimistas do século XIX esperar que as ferramentas lhe trouxessem o paraíso, assim como foi ingenuidade dos pessimistas do século XX culpar as ferramentas por antigas deficiências do homem, como cegueira, crueldade, imaturidade, cobiça e orgulho.

Por outro lado, melhores ferramentas requerem melhores marceneiros, mais qualificados e cuidadosos. Em suma, o maior impacto da tecnologia sobre o homem e a sociedade do século XX, pelo próprio domínio da natureza, foi deixar o homem cara a cara com seu maior e mais antigo desafio: ele mesmo.

CAPÍTULO 6

O administrador de ontem e de hoje*

O ADMINISTRADOR PROFISSIONAL não tem apenas um trabalho, mas três. O primeiro é tornar rentáveis os recursos econômicos. O administrador tem um trabalho empresarial, um trabalho de alocar recursos do passado no futuro. Um trabalho, não de minimizar os riscos, mas de maximizar as oportunidades. Todo administrador passa grande parte de seu tempo concentrado em problemas essencialmente econômicos, pelo menos em relação aos resultados. Por exemplo, onde estão os mercados? Como alcançar mais produtividade com esses recursos? O que devemos fazer e o que devemos parar de fazer? Ou seja, o desafio de todo administrador encontra-se na esfera econômica.

O segundo trabalho do administrador é o trabalho gerencial ou "administrativo", de tornar produtivos os recursos humanos, fazendo as pessoas trabalharem em equipe, ao dedicarem habilidades pessoais e conhecimentos a uma missão comum. Um trabalho de aproveitar os pontos fortes e atenuar os pontos fracos, que é o propósito das organizações. Organização é uma máquina de maximizar os pontos fortes humanos. Se um indivíduo com muita habilidade manual, sem jeito para marketing ou finanças, tiver uma

---

* Essas anotações de palestras e seminários na Inglaterra foram publicadas originalmente em *Management Today*, em maio de 1969.

empresa própria, o negócio não durará muito. Se o mesmo indivíduo trabalhar numa organização, ainda que pequena, ele poderá ser útil porque seus pontos fortes serão realçados e seus pontos fracos ignorados. Existem outras pessoas boas em marketing e finanças. Dessa forma, pode-se construir uma equipe em que os pontos fortes de cada membro contam para o todo.

Por fim, há a terceira função do administrador. Goste ou não, o trabalho do administrador não é um trabalho privado. O que ele faz tem importância. Os administradores são pessoas públicas, visíveis. Representam a comunidade, lutam por ela. Aliás, os administradores constituem o único grupo de liderança na sociedade – não só o gerente de negócios, mas todos os executivos nesta sociedade desenvolvida, altamente organizada e institucionalizada. Os administradores têm uma função pública. Eles podem manifestar isso trabalhando fora da empresa, desde comissões reais até em grupos de escoteiros ou, talvez, dentro da própria empresa, pela liderança e exemplo. Mas não há como escapar. Nada do que o administrador faz é privado. Um administrador nunca poderá dizer: "Este é um assunto particular. Ninguém tem nada a ver com isso. O que eu faço não deve interessar a ninguém." Os administradores estão no centro das atenções, sob a luz dos holofotes.

Portanto, o trabalho do executivo – hoje em dia, não como será no futuro – é um trabalho triplo: um trabalho em que precisamos de objetivos e precisamos de ferramentas; um trabalho em que precisamos de caráter e precisamos de competência; um trabalho em que precisamos decidir: "Isso estamos dispostos a fazer e, portanto, precisamos aprender a fazer bem" ou "Isso não faremos e encarregaremos alguém de fazer, pois está além de nosso alcance, além de nossa capacidade". Essas são as demarcações do trabalho.

Os conglomerados serão os gigantes encalhados da próxima década

Será mesmo que algum homem ou grupo de homens é capaz de administrar uma grande complexidade de empresas diferentes, como no caso dos conglomerados? A questão é duvidosa. Ingressei no mundo dos negócios há muito tempo. Meu primeiro trabalho na cidade de Londres foi acabar com os gigantes encalhados da década de 1920. Tornei-me um ótimo violador de túmulos, de nível internacional. Não quero sair por aí dando cabo dos gigantes encalhados da década de 1960, mas tudo me leva a crer que os conglomerados serão os gigantes encalhados da próxima década.

Falando de maneira bem direta, não acredito que seja possível administrar uma empresa por meio de relatórios. Sou um homem de números, um "quantificador", uma dessas pessoas para as quais os números significam muito. Sei também que relatórios são abstrações e que eles só podem nos dizer o que decidirmos perguntar. São abstrações de alto nível. Se tivermos a compreensão, o sentido e a percepção, tudo bem. Devemos passar bastante tempo do lado de fora, onde os resultados se encontram. Dentro das empresas temos apenas custos. Precisamos olhar para os mercados, os clientes, a sociedade e o conhecimento – tudo fora da empresa – para saber o que realmente está acontecendo. Os relatórios jamais nos dirão isso.

Em momentos verdadeiramente críticos, quando as empresas estão com a corda no pescoço – e nunca vi uma empresa não cair nessa situação mais cedo ou mais tarde –, existe uma vantagem muito grande em compreender os negócios e não se basear somente em cálculos. Por isso, os conglomerados me deixam bastante inquieto, porque confiam demais em relatórios. Sinto-me muito à vontade com relatórios. Entendo bem o que eles querem dizer. Mas eles também já me levaram a erros, e cheguei à conclusão de que, se eu não sair a campo para entender a situação por conta própria, talvez acabe agindo com base no passado, mesmo que as informações estejam atualizadas.

A ideia de que é possível administrar muitas empresas e investir nelas baseia-se na premissa de que, se as coisas derem errado, você pode vender sua parte e dar o fora, deixando o abacaxi na mão dos outros. Mas acredito que, para administrar – que significa ser responsável por desempenho e direção –, devemos ter certa base de compreensão. Podemos ter uma empresa de navios, um banco, uma corretora de seguros, uma fábrica de chocolates, uma companhia petroquímica e uma editora – estou enumerando os negócios de uma empresa que conheço –, e num momento crítico, não os compreendemos realmente. Não entendo todos esses negócios. Já é difícil entender um. Não entendo todos esses mercados ou todos esses temperamentos. As pessoas de uma editora são muito diferentes das pessoas de uma loja de departamentos – e devem ser. Ser comprador de roupa íntima feminina é muito diferente de ser comprador de romances, tanto em termos de temperamento quanto de conhecimento. Tenho, portanto, sérias dúvidas a respeito dos conglomerados.

Ao mesmo tempo, neste nosso mundo moderno, as demarcações do passado, as classificações industriais do passado, as linhas tecnológicas do passado já não se aplicam. Estão se tornando algo indistinto; interagem; ultrapassam as fronteiras. Quem compra embalagens não compra latas nem compra papel, nem vidro; compra apenas embalagens. Não importa qual o material. Por outro lado, numa empresa de vidros, a única coisa que sai do forno é vidro; por mais que se tente, não há como produzir papel. Aqui temos um verdadeiro problema, que torna as estruturas industriais do passado cada vez mais inadequadas.

Os construtores de conglomerados dos Estados Unidos também têm um entendimento que os administradores tradicionais não têm. Eles são os primeiros a compreender o novo mercado de capitais. Isso vem acontecendo há 30 ou 40 anos. É um mercado porque grande parte da classe média de repente dispôs de renda extra suficiente. Na minha juventude, era um axioma na cidade de Londres que 99% das pessoas jamais teriam dinheiro de sobra para pagar mais do que seguro de vida e hipoteca, que são obrigações. O mercado de capitais abarcava menos de 1% da população. Hoje em dia, o mercado de capitais no Reino Unido abarca cerca de 25% da população. Nos Estados Unidos, esse número chega a 40%. Mesmo na Europa continental, o número está subindo para 10% ou 15%. Isso é um mercado de verdade, com possibilidades de escolha.

O pessoal dos conglomerados é o primeiro a saber o que o mercado quer e precisa, voltando-se para esse mercado. No entanto, aprendemos que a primeira resposta a uma situação nova é a resposta errada – a pergunta pode ser certa, mas a resposta é errada. De modo que acho que os conglomerados estão dando a resposta errada e que todos nós vamos pagar caro por isso, pelo menos nos Estados Unidos.

Vejo a necessidade de encontrar uma forma de nos adaptarmos à crescente complexidade da tecnologia e do mercado, e ao mesmo tempo mantermos uma unidade que pode se basear no mercado ou na tecnologia. Aqui vão dois exemplos do tipo certo de conglomerado. A Sears, Roebuck, talvez seja a maior cadeia varejista do mundo. Está disposta a comprar qualquer coisa de que a família americana precise, seja tecido, roupa de baixo, seguro de vida ou móveis de jardim. Se as pessoas compram, a Sears, Roebuck comercializa, porque sabe o que é uma família em termos de unidade econômica e é especialista em compras nessa área. O papel do comerciante não é ser um vendedor, mas um comprador para o cliente. Isso é conglomerado. No entanto, apesar dos muitos diferentes itens que oferece, ainda é um negócio unificado.

No outro extremo, a Corning Glass está disposta a entrar em qualquer mercado, desde que o mercado se baseie em tecnologia de vidros. No mercado de consumo, é o maior produtor de vidros de televisão – qualquer mercado que tenha vidro – porque entende a tecnologia. Esses dois extremos são administráveis e fazem sentido. No entanto, o sujeito que está tentando atenuar os riscos econômicos de uma empresa de navios com uma empresa de perfumes deverá encontrar problemas. Na verdade, ele já está encrencado.

Seja qual for seu negócio, nunca avalie um indicador apenas: avalie sempre vários indicadores

Jamais aceitarei nada como sendo "o" indicador de eficiência. Talvez essa seja uma confissão de derrota. Desisti, inclusive, de procurar pelo indicador certo. Quero múltiplos indicadores. No que se refere à apropriação de capital, quero ver o rendimento, o que falta liquidar e o fluxo de caixa descontado – esses três elementos. Hoje em dia, essa é uma das coisas que faço no computador. Há 10 anos, 25 mil secretários, com 25 mil canetas, teriam de trabalhar 25 mil anos para chegar aos resultados. Olho para esses três elementos e procuro entender o que eles realmente me dizem. O patologista do Reino Unido corta um fio de cabelo ao comprido, na transversal e na diagonal, depois olha os três no microscópio para ver qual deles lhe dá alguma pista sobre o assassinato.

Eu jamais começaria com os lucros por ação porque alavancagem financeira é muito perigoso. Primeiro, funciona para ambos os lados – quem tem boa memória e certa idade se lembrará –, e segundo, a premissa de que uma empresa pode não ser rentável nem produtiva mas meu investimento nela será produtivo é limitada. Tudo bem se você conseguir vender tudo após seis semanas, mas talvez não consiga. Considero o retorno sobre o total de ativos um dos números fundamentais, assim como considero o retorno por dólar investido – em outras palavras, a produtividade do capital – o valor agregado. Mas também analiso o lucro por ação porque, depois de entender os aspectos econômicos de um negócio, pergunto-me como administrar as finanças.

Falo como um velho banqueiro, que é exatamente o que sou, mas você ficaria espantado de ver como a arte das finanças é retrógrada e que poucos industrialistas sabem lidar com ela. Muitas empresas usam capital próprio para financiar a produção de commodities, o que é uma loucura. Commodities são aquilo em que os banqueiros estão dispostos a investir. Pouca gente se dá conta de que, uma vez que entendemos os aspectos gerais da economia, podemos estabelecer a estrutura financeira utilizando as diversas correntes monetárias, que mudam o tempo todo. É muito comum vermos empresas em que os aspectos econômicos são sólidos, mas os financeiros não, de modo que os lucros por ação são bastante baixos. Nesse caso, podemos reestruturar o negócio, dando à empresa a capacidade de atrair capital. Às vezes, vemos o contrário: todo mundo no mercado comprando ações desenfreadamente porque os lucros por ação parecem estar subindo, mas na verdade a empresa tem lucros baixos e sabe camuflá-los de maneira muito hábil, através da manipulação financeira. A ilusão dura, de modo geral, 18 meses no máximo. Aí o mercado de ações descobre de repente que algo está errado. Mas, em 18 meses, muita gente se engana. Eu jamais analiso apenas um indicador, em qualquer área de negócios. Primeiro, esses indicadores não são bons o suficiente; segundo, não sabemos o suficiente para que somente um indicador seja "o" indicador definitivo.

O primeiro parâmetro pelo qual se julga a administração é: eles nos mantêm ocupados?

Em toda organização, muitas pessoas são promovidas até o ponto de não terem mais um bom desempenho. Até aquele ponto, elas foram bem e, por isso, foram promovidas. Quando o seu desempenho decai, elas não são promovidas, mas também não decaem junto. Permanecem naquele cargo. Todos nós sabemos disso. Se for inevitável – e *é* – que promovamos as pessoas com base no desempenho, a ponto de promovê-las além de sua capacidade, talvez devamos considerar isso um problema, em vez de acatar a situação como algo normal. Os melhores administradores que conheço passam boa parte do tempo pensando em coisas que o resto de nós não pensa, a saber, os dilemas organizacionais.

Considere, por exemplo, o sujeito que começou quando a empresa era pequena. Ele era um ótimo contador. A empresa cresceu e forças geológicas elevaram-no à posição de vice-presidente financeiro de uma grande empresa, mas ele ainda é contador. Todo mundo conhece uma história como essa, não só na área financeira, mas em qualquer área. O indivíduo, que vai fazer 55 anos de idade, está na empresa há 28 anos. Chegou todo dia às nove e sempre foi o último a sair. Nunca recebeu uma crítica sequer e agora, de repente, está num cargo acima de sua capacidade e representa um perigo para a organização.

O que fazer? A maioria de nós diria: "Não há nada a fazer. Vamos tentar desenvolver em torno dele." Os bons administradores de verdade que conheço não aceitam isso. Eles dizem: "Sim, devemos lealdade a quem se mostrou leal. Deveríamos ter tomado medidas corretivas há muito tempo, mas agora é tarde demais. Não deveríamos ter deixado esse funcionário chegar a essa posição, mas agora não há como voltar atrás. Não podemos, porém, deixar que ele continue lá, porque ele está causando sérios estragos." O estrago é causado não porque ele não seja um bom gerente financeiro e a empresa precisa de um, mas porque a mensagem transmitida à organização é: "Viram? É isso o que a administração quer." O gerente promovido é sarcástico com os jovens funcionários, e esse é um dos pecados para o qual não há perdão.

Não podemos demitir esse homem, não porque a organização nos condenaria, mas porque somos seres humanos razoavelmente decentes. Por outro lado, se o deixarmos lá, estamos sendo corruptos. Então, o que fazer? Às vezes, não podemos fazer nada além de dizer: "Tudo bem, vamos penar nos próximos 10 anos até ele se aposentar." Porém, se realmente nos dedicarmos à questão, encontraremos uma solução adequada e honrosa. Esses poucos casos – nunca são muitos – são o verdadeiro teste da administração. É nessas situações que sua organização, seus funcionários, seu pessoal administrativo e seus gerentes, em todos os níveis organizacionais, realmente o avaliam.

Uma organização avalia seus administradores com base em dois parâmetros. O primeiro é: "Eles nos mantêm ocupados? Eles sabem como nos manter trabalhando?" Porque, se a resposta for não, você obviamente não está levando a sério sua organização ou seu trabalho. Se tem uma coisa que as pessoas exigem de seu gerente é competência. A organização em que os indivíduos têm permissão para não fazer nada despreza seus administradores. O outro parâmetro é: "Eles tratam dos casos excepcionais com criatividade, inteligência e compaixão?" Essa é sua prova de fogo. Todo mundo tem um nível comprovado de incompetência em seu grupo de administração. Se o indivíduo está com você há apenas cinco anos, você o demite. Fácil. Mas, se ele trabalha na empresa há 30 anos, será que dá para colocá-lo numa posição em que ele pelo menos não atrapalhe? O que você pode fazer para mostrar dignidade e consideração e ainda alertar todo mundo? "Eles sabiam de seu desempenho e agiram de acordo."

Na maior organização que conheço, não há mais de uma dúzia de casos a cada dois ou três anos. Portanto, esse não é um grande problema em termos de números, mas é um grande problema em relação ao impacto. Não existe uma solução única. Cada caso é um caso. Estamos falando dos problemas humanos que tiram o sono dos gerentes. Sua organização o julgará pela compaixão, mas também pelo realismo na hora de resolver esses problemas. Isso é liderança.

Os fatos e o mito da mobilidade profissional nos Estados Unidos não caminham juntos

Existem muitas companhias nos Estados Unidos anunciando vaga para engenheiro químico com menos de 40 anos e pelo menos 40 anos de experiência. Isso é muito comum. Os fatos e o mito da mobilidade profissional nos Estados Unidos não caminham juntos. Ao analisarmos qualquer uma de nossas grandes empresas, verificaremos que há grande rotatividade e mobilidade nos níveis profissionais e gerenciais durante os cinco ou sete primeiros anos. Existe alta rotatividade nos cargos mais elevados e nenhuma nos cargos intermediários – nenhuma! Aí se encontram os empregos vitalícios, como no Japão.

Se avaliarmos a questão por segmentos de mercado, veremos que existe grande rotatividade entre os jovens. Muitas vezes, eles não têm escolha. Grande parte das empresas tem políticas maravilhosas de recursos humanos, mas só no papel. Pensemos no caso de um jovem que começa a trabalhar com engenharia de projeto. Depois de três anos, ele descobre que não é isso o que realmente deseja ou sabe fazer. Sua empresa está oferecendo vagas para engenheiros de vendas, mas ele não pode se candidatar porque seu chefe o repreenderia. Então, ele pede demissão, e a empresa é a única culpada.

Meus alunos são homens de 30, 35 anos, com seis, sete ou dez anos de experiência, e eles me contam essas coisas. Eu olho para eles e pergunto: "Onde você trabalha?" Eles respondem: "Em tal ou tal empresa." Aí eu digo: "Em frente ao seu escritório, do outro lado da rua, fica a agência de empregos que sua empresa utiliza. Peça demissão, vá lá e no dia seguinte você terá o trabalho para o qual está tentando ser transferido há 18 meses." Sempre funciona.

Esse não é o único motivo da mobilidade profissional dos jovens. A mobilidade é uma forma de descobrir a que lugar pertencemos. Isso não significa que não existam exageros. Alguns jovens não param quietos. Depois, eles sossegam o facho, casam e têm filhos. As forças que os mantêm estáticos aumentam sua tração. Quando chegam à alta gerência, começam a se movimentar de novo.

Temos outro problema, menor, em outra área: o sujeito competente, técnico e funcional, de 44 ou 45 anos, que já é diretor de pesquisa de mercado há 15 anos. A essa altura, ele já sabe tudo o que há para saber a respeito do mercado de brinquedos e está bastante entediado com o trabalho. Tem plena consciência de que jamais será vice-presidente de marketing. Talvez queira mudar de posição, e deve mudar. Onde se encontra está criando limo e diminuindo consideravelmente a velocidade do navio. Esse tipo de indivíduo costuma ser tímido, com muito a perder em termos de pensão e coisas do gênero. Aí deveríamos ter mais mobilidade, nesse grupo intermediário de pessoas puramente funcionais, que não chegarão à gerência geral e nem querem chegar. Esses indivíduos estão cansados do que estão fazendo há tanto tempo. Perderam o entusiasmo. Perderam a vontade de aprender. Conhecem apenas o caminho certo, o caminho errado e o caminho da empresa.

As pequenas empresas tiveram um desempenho muito melhor do que qualquer outra empresa nos últimos 20 anos

Já escuto falar, há uns 40 anos, que as pequenas empresas estão passando dificuldades, e sempre acreditei. Após 20 anos, questionei: "Cadê as provas?" Não tinha visto nenhum fato. Aliás, as pequenas empresas tiveram um desempenho muito melhor do que qualquer outra empresa nos últimos 20 anos, em qualquer lugar do mundo, inclusive na Grã-Bretanha. Um número maior de pequenas empresas abriu e prosperou. A definição de "pequena" pode ter mudado, mas a distribuição das empresas nos principais países do mundo quase não se alterou nos últimos 50 anos. O atual movimento de fusão de empresas não é nenhuma ameaça às empresas pequenas.

A maioria das pequenas empresas acredita que precisa menos de administração. Na verdade, precisa mais. Uma empresa grande pode contratar um monte de especialistas. Uma empresa pequena não; portanto, precisa ser melhor no que faz. Além disso, as pequenas empresas precisam muito mais de objetivos do que as grandes empresas; precisam saber o que estão realmente tentando fazer; precisam de muito mais concentração, pois têm menos energia; e possuem um problema diferente, mas muito grave, de sucessão de gerentes, justamente porque costumam ser empresas de família e não têm como oferecer muito ao profissional de fora, a não ser que ele passe a fazer parte da empresa como proprietário, o que é difícil por conta de nossas leis fiscais. Então, as pequenas empresas precisam ser muito mais rigorosas em relação ao desempenho nos melhores cargos. O segredo de uma empresa de família é muito simples: enquanto os membros dos cargos mais elevados trabalharem duas vezes mais do que todo mundo, está tudo bem; no momento em que a administração é ocupada por um playboy, já era, porque ninguém de fora vai querer continuar trabalhando na empresa, se tiver bom senso. Numa empresa de família, os subordinados não têm problema em trabalhar para uma pessoa que não seja tão brilhante, contanto que ela trabalhe.

O verdadeiro problema da pequena empresa não é ser pequena, mas que os negócios exijam um crescimento que ela não possa abarcar. Seria o fim. Essas são as empresas que estão sendo compradas – as empresas que tiveram um crescimento maior do que a capacidade de administração de seu fundador, que devem crescer, segundo análises objetivas, mas se deparam sempre com uma barreira invisível. A questão é fazer os seres humanos mudarem seus hábitos básicos porque eles acabam com os negócios. Alguns, diretamente, não querem que a empresa cresça.

Vi casos de empresas em que o fundador de repente se dá conta de que está com 300, 400, 500 funcionários, seis mercados e agora precisa criar uma equipe de gerentes, obter informações e repensar o papel da empresa. O sujeito percebe que precisará parar de jogar em todas as posições e começar a desenvolver líderes. Essa é a verdadeira crise das pequenas empresas. É muito difícil chegar a ser uma empresa de médio porte porque a questão não passa pela quantidade, mas pela mudança de hábitos, comportamentos e valores.

O principal impacto dos computadores foi criar uma infinidade de empregos para auxiliares de escritório

Os computadores entraram em cena no final da década de 1940 e, apesar de todo o discurso sobre a velocidade do mundo hoje em dia, ainda não temos uma indústria da informação. O que precisamos não será de um objeto físico. Será o que se chama software – os conceitos, as ideias, a lógica. Também terá de haver muito equipamento periférico de transmissão e recebimento para que os computadores passem a ser uma ferramenta útil – o que não é o caso hoje em dia. Até agora, o principal impacto dos computadores foi a criação de uma infinidade de oportunidades de trabalho para auxiliares de escritório. Não é um grande progresso. Mas estamos nos aproximando bastante do momento de ter uma indústria da informação. As peças provavelmente já estão todas aí: o satélite de comunicações, a televisão, a máquina copiadora e a impressora.

O que nos falta, basicamente, são conceitos que possibilitem o uso das máquinas. Não temos como usá-las enquanto não fizermos o mínimo esforço para que os computadores falem nossa língua – o que não acontece hoje em dia. Numa analogia com a música, a diferença entre o Ocidente e o Oriente é o fato de que, há muitos séculos, Santo Ambrósio inventou a notação musical. Até aquela época, a música era descrita em palavras, como ainda acontece no Oriente, o que significa que não há música de conjunto, não há partituras e os músicos têm de decorar o que farão. No entanto, esperamos que uma criança de 7 anos de idade seja capaz de aprender a ler música em duas semanas, e a maioria consegue.

Estamos começando a aprender notações que, em essência, possibilitarão que qualquer pessoa use o computador sem aquele trabalho de "programação" ou tradução indescritivelmente tosco, lento e caro. A notação adequada, que nos permitirá utilizar os meios eletrônicos de modo eletrônico, em vez de tentar usar uma linguagem idiota que as máquinas não suportam – nem nós –, deve surgir daqui a uns 10 anos.

O administrador do futuro considerará o computador algo tão corriqueiro quanto uma criança hoje em dia considera o telefone. É uma nova forma de energia. Informação é energia para a mente. O que o administrador deve tentar fazer com isso? A primeira pergunta é: O computador o liberta? Ele permite que você passe cada vez menos tempo no controle e cada vez mais tempo fazendo coisas importantes? Se, como resultado do uso do computador, você está debruçado sobre mais arquivos, está abusando ou sendo abusado por ele. O fato é que você tem menos controle, incidentalmente: controle não é ter milhões de informações, mas saber que informações são importantes e por quê.

Se, graças ao computador, você não perde mais tempo controlando suas operações porque tudo saiu conforme o esperado – e, se não sair, você saberá imediatamente e, assim que resolver a questão, não precisará mais se preocupar –, então você está usando o computador de maneira adequada. O primeiro teste é: Quantas horas fora do escritório você ganhou graças ao uso do computador? No escritório, você se concentra nos custos e não nos resultados. O computador é uma ferramenta de libertação, se usado corretamente. Caso contrário, você se torna seu escravo. O computador deve libertá-lo das correntes das operações e de sua mesa, permitindo que você tenha tempo para as pessoas e para ir a campo, onde se encontram os resultados.

O segundo teste é: Você está usando o computador para que as pessoas de sua organização possam fazer o trabalho pelo qual estão sendo pagas? Ou você está usando o computador para facilitar a vida delas, que agora fazem tudo *menos* o trabalho pelo qual estão sendo pagas? Antes não havia muita opção, mas agora não há mais motivo para isso, contanto que você instrua os sistemas e os profissionais de informática de maneira adequada, em vez de *eles* lhe dizerem onde devem focar (invariavelmente, a folha de pagamento). Ninguém tinha nenhuma dificuldade de preencher a folha de pagamento antes do computador. Portanto, pode usar o computador para preencher a folha de pagamento, mas não creia que seja um grande avanço fazer o desnecessário três vezes mais rápido.

A área em que os gerentes da maioria das empresas se veem impedidos de melhorar o desempenho com base no processamento de dados e informações é a área de vendas externas. Os gerentes de vendas estão agora tão abarrotados de papéis que não sabem mais quem são os clientes e não treinam mais os vendedores. Nunca saíram do escritório. Bons vendedores são péssimos gerenciadores de papéis: existe quase uma relação inversa entre a capacidade de um vendedor de vender e a legibilidade de sua letra. Naquela sala em que meia dúzia ou uma dúzia de moças processam os pedidos que entraram, invariavelmente as veremos penando com os pedidos do bom vendedor: talvez apenas porque os outros não enviam pedidos. Os bons vendedores não são bons burocratas, e vice-versa.

Portanto, essa é a área que carece de atenção. O único recurso do vendedor é o tempo. Se verificarmos – e verificaremos – que 70% ou 80% do tempo de nossos vendedores é gasto para enviar informações que deverão ser reexaminadas depois, a ideia de usar o computador nesse caso não é nada má. Os profissionais da informática dirão que não há uma demanda técnica, mas eles estão errados, e você deve dizer: "Relaxe, querido. Se você quer trabalho com demanda técnica, volte para a faculdade. Posso tirá-lo da minha folha de pagamento." Talvez você possa dizer isso de uma maneira mais delicada. Aprendi, contudo, que não adianta ser delicado porque as pessoas não entendem insinuações.

Pergunte: "Em que áreas o manuseio de dados tornou-se um objetivo em si, fazendo o trabalho aumentar de forma exagerada?" Essas são as áreas em que os profissionais de processamentos de dados devem se concentrar. Depois pergunte: "Que crises recorrentes têm desviado a organização?" Será a batalha do inventário anual, que costumo desaprovar? Ou outras crises comuns que não deveriam acontecer – coisas em que não pensamos, que não prevemos? Agora pelo menos já podemos colocar uma advertência prévia no sistema.

Essas são as instruções que dou ao pessoal que trabalha com computadores. Digo: "Muito bem, moçada, vocês aprenderam a preencher a folha de pagamento. Talvez tenham até aprendido a processar créditos e acompanhar um pedido na fábrica para poder coordenar o cronograma de entrega do produto ao cliente." (Embora todo mundo diga que já fez isso, ainda estou pagando para ver alguém que realmente tenha feito.) "Ótimo. Vocês aprenderam a fazer o trabalho administrativo. Agora quero que vocês comecem a trabalhar com informações."

O emprego para o qual a maioria dos gerentes foi contratada desaparecerá

Nos últimos 50 anos, a literatura sobre administração se dedicou mais à parte gerencial do trabalho porque era a novidade. Tal atividade não se tornará menos importante, mas será relativamente menos urgente – o trabalho para o qual a maioria dos gerentes foi contratada com o objetivo de passar a maior parte do tempo buscando informações dúbias a respeito do que aconteceu no passado. Depois de um tempo, eles podem conseguir. Nossos tataravôs, que fundaram as indústrias, passavam a maior parte do tempo pensando em como adquirir energia elétrica. Hoje em dia, é só apertar um interruptor. Ninguém pensa muito no assunto. Amanhã, não teremos mais que pensar tanto em como conseguir outra forma de energia: o estímulo da mente, o *input* de informações. Será fácil também.

Hoje, contudo, precisamos aprender mais sobre a parte empresarial do trabalho, à qual demos muito pouca atenção nestes últimos 50 ou 60 anos. Será algo diferente e desafiador por dois motivos. Primeiro, parece-me provável que o último terço do século seja tão inovador quanto o período correspondente do século XIX. Já estamos vendo indústrias que se baseiam no conhecimento deste século e que são bastante diferentes; e haverá necessidade de muita inovação, não apenas tecnológica, mas social e econômica também. Ao mesmo tempo, o padrão do século XIX, do inventor individual, que de alguma forma se associava com o homem do dinheiro, possivelmente será repetido.

Grande quantidade de atividades inovadoras terá de ser efetuada nas empresas existentes, o que ainda não aconteceu. De modo geral, a velha ideia de que as empresas existentes são incapazes de fazer o que é realmente novo tem se confirmado. Apesar de todas gastarem muito dinheiro em pesquisa e desenvolvimento, vemos pouquíssimos resultados, exceto algumas construções muito bonitas em áreas arborizadas.

Temos de aprender a fazer o trabalho porque a realidade econômica nos obriga a isso. Nos países desenvolvidos, além de o sistema tributário forçar o capital a permanecer nas empresas existentes, os recursos humanos também se encontram lá, e a essência das novas indústrias é que a etapa de desenvolvimento é o momento em que realmente precisamos de pessoas e dinheiro. Não é verdade que as invenções estão virando produtos comercializáveis mais rapidamente nos dias de hoje. Ao contrário, o processo tem sido mais lento. No século XIX, poucos meses após a invenção da lâmpada elétrica e do telefone, do outro lado do Atlântico já havia instalações comerciais de ambos em Londres. Essa velocidade não existe hoje. O mesmo processo levaria 10 anos de trabalho de desenvolvimento atualmente. E a fase de desenvolvimento tornou-se muito mais cara, com muito mais necessidade de conhecimento. Nossas complexidades são maiores, e isso também significa que as empresas existentes terão, em grande parte, de fazer o trabalho.

Tal constatação é um grande incentivo ao aprendizado sistemático da inovação como parte do trabalho da administração nas empresas existentes. E todos nós começamos no mesmo nível de não desempenho, de modo que todo mundo tem chance. A lacuna tecnológica é coisa do passado, porque, no caso das novas indústrias, não existem vantagens de um lado ou de outro: depende de quem aprenderá melhor a fazer esse tipo de trabalho, o que é, em grande parte, marketing e desenvolvimento. Mas também depende da capacidade de ter dois tipos diferentes de organização sob a mesma forma corporativa, a gerencial e a empresarial, que não são organizadas da mesma maneira. Precisamos saber que não são duas coisas independentes, mas, no mínimo, distintas.

Se você também quiser saber que rumo sua indústria está tomando, quais os produtos e as necessidades de amanhã, não olhe para o mercado interno. O mercado interno é muito pouco confiável, seja um mercado grande como o dos Estados Unidos ou pequeno como o de Luxemburgo. Foque o mercado internacional, que é quase 100% confiável. Não é verdade que os Estados Unidos ditam a moda. Isso é um mito jornalístico atual. O mercado mundial é que tem ditado a moda. A verdadeira pesquisa de mercado de hoje é a pesquisa de mercado mundial. Precisamos aprender a enxergar o mercado global, em vez de focar apenas economias nacionais.

A ideia do Estado soberano como instituição central – a ideia de Hobbes, Locke e Rousseau – já não corresponde à realidade. As instituições organizadas e gerenciadas da sociedade com um propósito especial são autônomas. Podem ser conduzidas, lideradas e controladas, até certo ponto, mas não podem ser desfeitas. São uma necessidade – a única forma de realizar o trabalho. Podemos nacionalizá-las, mas isso não significa que as controlamos. Ao contrário, aprendemos que a melhor forma de não ter controle é nacionalizar. É uma das poucas experiências bem documentadas de nossa geração.

Embora as empresas não sejam nenhum exemplo de maravilha (e elas sabem disso), ainda estão muito à frente das outras instituições, em grande parte porque trabalham nos problemas há mais tempo. Seremos, portanto, vistos como modelo. A administração é uma função central, não dos negócios, mas de nossa sociedade, cuja existência depende de seu próprio desempenho. Desse modo, os gerentes, e sobretudo os gerentes de negócios, de repente ganham uma dimensão extra: de modelo, de liderança. Esses, então, são os novos desafios, os novos trabalhos. Como fazer para que as organizações sejam capazes de inovar? Como fazer para que nossas empresas e indústrias sejam capazes de operar numa economia mundial bastante complexa e perigosa? E o que devemos fazer na prática para incorporar essa função de liderança, essa função representativa, essa responsabilidade de ser o exemplo mais visível, mais articulado e mais avançado dessas novas espécies – as pessoas que fazem as organizações serem produtivas para a sociedade e o indivíduo em particular?

Será que a estrutura tradicional de organização que funcionou até hoje funcionará amanhã?

Existe razão suficiente para questionar se a estrutura tradicional de organização que todos nós conhecemos funcionará amanhã do mesmo modo que funcionou nos últimos 40 anos. Todos estão familiarizados com o modelo da pirâmide. Nossa estrutura de organização vem das forças armadas e, por isso, se baseia em níveis hierárquicos. No caso das empresas de alta tecnologia e de alto conhecimento, essa estrutura não funciona. É necessário haver uma autoridade, alguém que tome decisões, que diga "sim" ou "não" e ponha um ponto final no assunto. Precisamos de um processo metódico para organizar o trabalho existente. Mas as ideias não respeitam esses canais, senão morrem.

O que estamos vendo emergir são estruturas muito complexas, cuja analogia não é a mecânica, como no caso das organizações tradicionais, mas a biológica. Não existe organização biológica que possua apenas um eixo. As organizações biológicas têm no mínimo dois eixos, geralmente três. Músculos, nervos e o sistema circulatório – são princípios organizadores que coexistem em todas as relações complexas. Provavelmente a forma mais delicada de descrever o que estamos fazendo é dizer que estamos perdendo tempo com sistemas que mantêm uma estrutura ordenada e, no entanto, permitem que haja bastante posicionamento de acordo com a lógica do trabalho, por um lado, e com a lógica do conhecimento, por outro.

As empresas de alta tecnologia estão apontando o caminho. O problema delas é muito grave. Entre um médico, um biólogo celular e um engenheiro de comunicações, não temos como dizer que um é mais importante do que os outros. Depende da tarefa. Então, precisamos ser capazes de criar equipes espontâneas, com alto grau de propósito, organização e autodisciplina, num contexto ordenado de tomada de decisões e procedimentos. Embora em alguns lugares isso funcione, ainda não temos como formular um princípio. Podemos dizer, entretanto, que é possível e será concretizado. Deixando para trás as organizações em que alguns poucos indivíduos de cargos elevados detêm todo o poder de decisão e conhecimento, enquanto o resto trabalha em máquinas, e passando para organizações em que a maior parte das pessoas é paga por contribuir com conhecimento e, acima de tudo, com inovação, veremos com mais frequência esse desenvolvimento.

As organizações de forma livre (ou qualquer outra expressão bonita que você queira usar para descrevê-las) precisam de objetivos extremamente claros – muito mais claros do que no caso da organização hierárquica, piramidal, pois o sujeito da alta administração pode mudar de ideia a qualquer momento e implementar mudanças de modo bastante rápido em toda a organização, pelo menos no papel (o que não acontece, na verdade). As organizações de forma livre também precisam estar dispostas a se comprometer com objetivos e metas de desempenho um tanto exigentes. Caso contrário, acabarão virando uma sociedade de debates.

Segundo, precisam que as pessoas do grupo assumam responsabilidade por sua contribuição. O pessoal da alta administração deve dizer: "Olhe, vamos deixá-lo sozinho o máximo possível, mas só podemos delegar o que entendemos. Não podemos delegar o que não entendemos. Portanto, se você quer autonomia – e nós também queremos que você tenha autonomia –, faz parte do seu trabalho pensar e nos dizer que contribuição podemos esperar de você, quais são suas prioridades. Talvez, ao analisá-las, digamos que elas nos parecem interessantes, mas não fazem muito sentido para nós. Podemos dizer que suas prioridades são acertadas, mas que somos responsáveis pela empresa e não é isso o que estamos tentando fazer no momento. De qualquer maneira, você tem a responsabilidade de tomar a iniciativa e pensar em resultados que beneficiem toda a organização. Talvez você diga que o que tem em mente não gerará frutos até 1992. Tudo bem. Algumas coisas demoram mesmo. Fazer o quê? Pelo menos, você contribui com nossos objetivos e metas." Se não impusermos autodisciplina, todos se divertirão – e nada mais.

Os administradores têm de aceitar o fato de que as relações industriais ficarão cada vez mais complexas

Por um bom tempo, as manchetes dos jornais focarão as relações industriais dos administradores, mas essa é uma ação defensiva do passado, e, como toda ação defensiva, não tem como ser superada. O propósito de uma ação defensiva é afastar a força principal. O verdadeiro trabalho será, cada vez mais, a mobilização do conhecimento e do trabalhador do conhecimento. O custo das pessoas que estão sendo pagas para colocar o conhecimento em prática é muito alto: não só porque elas recebem um bom salário, mas também porque não são pessoas que podem ser usadas com muita versatilidade. O conhecimento é sempre especializado, sempre específico, e não admite meio-termo: ou as pessoas têm ótimo desempenho ou não trabalham. De modo geral, não vale a pena ter um trabalho com conhecimento técnico medíocre.

No entanto, até agora, a maioria de nós ainda age como se acreditasse que podemos substituir três secretários medíocres por um trabalhador do conhecimento experiente. A questão não é somente que três secretários medíocres não produzem tanto quanto um trabalhador do conhecimento. Três pessoas medíocres não produzem nada – só atrapalham o caminho umas das outras. Na maior parte dos lugares, temos excesso de pessoal e estamos mal guarnecidos. O conhecimento, em última análise, é o único recurso dos países desenvolvidos. No que se refere a pessoas dispostas a ajudar, os países subdesenvolvidos estão bem na frente. Não haverá como competir com a produtividade da mão de obra dos países subdesenvolvidos se eles aprenderem um pouquinho de administração.

Embora tenhamos de nos preocupar com as relações industriais, essa será, cada vez mais, uma área puramente negativa e defensiva, em que tudo o que podemos fazer é torcer para não perder terreno. A oportunidade está em tornar o conhecimento produtivo, eliminando a força de trabalho do passado. Isso significa, contudo, que as relações industriais serão cada vez mais complexas. Não há como negar: os trabalhadores industriais do mundo desenvolvido sabem que são dispensáveis, e seu sindicato também sabe muito bem. Isso faz esses trabalhadores se sentirem cada vez mais amargurados e resistentes. O trabalhador industrial, o principal beneficiário dos últimos 70 anos de desenvolvimento industrial, de repente vê seu status e sua função na sociedade industrial ameaçados. Convertemos o trabalhador braçal de ontem, sem garantia de renda ou de emprego, no operador de máquinas de hoje, que tem as duas coisas. E isso ele vai manter, mas não o status e a função, o poder que tinha: quando um governo trabalhista começa a falar em legislação sindical é porque alguma coisa muito importante aconteceu.

O problema não será resolvido com a velha solução da afiliação dos trabalhadores ao conselho diretor. Em todos os lugares em que isso foi colocado em prática, alguns sindicalistas foram corrompidos e nada mais. Não houve impacto no cidadão comum, e a administração não foi impedida de atuar. É algo mais simbólico do que real. Eu diria: "Não envolva os trabalhadores no processo gerencial. Que decisões, pelas quais eles deveriam assumir responsabilidade, estão sendo tomadas por gerentes apesar de não serem de sua alçada?"

Há quase 30 anos, quando ajudei na administração de uma faculdade de artes liberal, chamamos os alunos e lhes contamos que estava acontecendo uma guerra, que nos faltava mão de obra e que eles teriam de se responsabilizar por certas coisas, ou seja, praticamente tudo, menos o ensino, o processo de contratação e a definição do currículo, que ficariam por nossa conta. Eles gerenciariam tudo, inclusive a alimentação. No primeiro ano, foi um fracasso – verdade seja dita, nada pior do que o que vinha fazendo a administração da faculdade até então. Mas, no segundo ano, os alunos realizaram um excelente trabalho, sem grandes problemas. Logo os líderes apareceram. Algumas maluquices deram certo, outras não, mas o trabalho sempre foi responsável. Caso contrário, passavam fome. Depois de ficar sem comida dois dias seguidos, a questão se resolvia. Você tinha de ver como foi saudável para eles descobrir que, se não plantarmos, não colheremos.

Quantas outras coisas que os gerentes fazem não lhes competem diretamente, incluindo grande parte do trabalho de produção – designação de turnos etc. – e poderiam ser deixadas para os funcionários fazerem sozinhos? Sem dúvida, muita gente da administração está trabalhando nessas questões. É normal que haja algumas redundâncias.

CAPÍTULO 7

A primeira revolução tecnológica e suas lições*

CONSCIENTES DE QUE ESTAMOS VIVENDO no meio de uma revolução tecnológica, ficamos cada vez mais preocupados com o seu significado para o indivíduo e o seu impacto sobre a liberdade, a sociedade e nossas instituições políticas. Lado a lado com promessas messiânicas de utopia a serem introduzidas pela tecnologia, encontram-se graves ameaças de escravidão do homem, isolamento de si mesmo e da sociedade e destruição de todos os valores humanos e políticos.

Por mais impressionante que seja a explosão tecnológica de hoje, ela não supera a primeira revolução tecnológica, que marcou a vida humana há sete mil anos, quando a primeira grande civilização da humanidade, a civilização fluvial, se consolidou. Primeiro na Mesopotâmia, depois no Egito e no Rio Indo, e finalmente na China, surgiu uma nova sociedade, um novo regime, a cidade fluvial, que logo se tornou um império. Nenhuma outra mudança no estilo de vida do homem e em seus meios de subsistência, nem as mudanças de hoje, revolucionaram tanto a sociedade humana. Aliás, as civilizações fluviais marcaram o início da história talvez somente porque marcaram o início da escrita.

---

* Palestra presidencial na Society for the History of Technology, 29 de dezembro de 1965; publicada originalmente em *Technology and Culture*, primeiro semestre de 1966.

A era das civilizações fluviais foi predominantemente uma era de inovação tecnológica. Até um passado recente – o século XVIII –, não havia inovação tecnológica comparável, em alcance e extensão, àquelas primeiras mudanças na tecnologia, nas ferramentas e nos processos. Aliás, a tecnologia do homem permaneceu essencialmente inalterada até o século XVIII, no que diz respeito ao impacto na vida humana e na sociedade.

A era das civilizações fluviais, contudo, não foi apenas uma das principais eras da tecnologia. Ela representa também a era mais produtiva e importante em termos de inovação social e política. O historiador das ideias tende a voltar à Grécia antiga, aos profetas do Antigo Testamento ou à China das primeiras dinastias em busca das fontes de crenças que ainda movem a humanidade até hoje. Só que nossas principais instituições sociais e políticas antecedem a filosofia política em milhares de anos. Todas foram concebidas e estabelecidas nos primórdios das civilizações fluviais. Qualquer pessoa interessada na história das instituições sociais e governamentais, e na história dos processos sociais e políticos, terá de voltar à era daquelas primeiras cidades fluviais. Graças ao trabalho de arqueólogos e linguistas nos últimos 50 anos, temos cada vez mais informações a respeito das civilizações fluviais e podemos sempre recorrer a elas para entender a relação da Antiguidade com a sociedade moderna, uma vez que nossas instituições sociais e políticas atuais, praticamente sem exceção, foram criadas e estabelecidas nessa época. Aqui vão alguns exemplos:

1. A cidade fluvial foi a primeira a estabelecer o governo como uma instituição distinta e permanente. Instituiu um governo com uma estrutura hierárquica nítida, em que logo se manifestou a verdadeira burocracia – fator que possibilitou que as cidades fluviais se tornassem impérios fluviais. Algo ainda mais básico: a cidade fluvial foi a primeira a conceber o homem como cidadão, indo além das estreitas fronteiras da tribo e do clã, e reunindo pessoas de origens e raças muito diferentes numa única comunidade. Para isso, foi necessário criar a primeira divindade supratribal, o deus da cidade. Também foi preciso fazer uma distinção, pela primeira vez na história, entre costumes/leis e o desenvolvimento de um sistema legal de códigos impessoal e abstrato. Aliás,

praticamente todos os conceitos legais, sejam referentes a leis criminais ou civis, remontam às cidades fluviais. O primeiro grande código civil, o de Hamurabi, que já tem quatro mil anos, ainda se aplicaria a diversas empresas de advocacia da sociedade industrial altamente desenvolvida de hoje.

A cidade fluvial também foi a primeira a desenvolver um exército permanente – não havia outra opção, pois os agricultores eram pessoas indefesas, vulneráveis e, acima de tudo, sedentárias. A primeira cidade fluvial que teve superávit na história da humanidade graças à tecnologia era um alvo atraente para os bárbaros, as tribos nômades do deserto e das estepes. E com o exército surgiram tecnologia e equipamentos específicos de guerra: o cavalo de batalha, o carro de combate, a lança, o escudo, a armadura e a catapulta.

2. Foi na cidade fluvial que as classes sociais se desenvolveram pela primeira vez. Precisava-se de gente permanentemente envolvida na produção agrícola que alimentava toda a cidade; precisava-se de agricultores. Precisava-se de soldados para defendê-los. E precisava-se de uma classe governante com conhecimento, isto é, uma classe sacerdotal. Até o fim do século XIX, esses três "bens" ainda eram considerados básicos na sociedade.*

Ao mesmo tempo, porém, a cidade fluvial dedicava tempo à especialização da mão de obra, resultando no surgimento de diversos artífices – oleiros, tecelões, artesões de metal etc. – e de profissionais liberais – escribas, advogados, juízes e médicos.

Como produzia mais do que consumia, registrou o primeiro caso de negociações organizadas, o que atraiu não só comerciantes, mas também dinheiro e crédito, além de ter sido criada uma lei de proteção ao estrangeiro, o negociante que vinha de longe. Isso, a propósito, fez surgir a necessidade de criar leis de relações internacionais. Aliás, não existe muita diferença entre os tratados internacionais do século XIX e os tratados dos impérios fluviais da Antiguidade.

---

* Ver o brilhante livro, apesar de parcial, escrito por Karl A. Wittvogel, *Oriental Despotism: A Comparative Study of Total Power* (New Haven, Conn., 1957).

3. A cidade fluvial foi a primeira a organizar e institucionalizar o conhecimento. Como era necessário possuir conhecimento para construir e manter os complexos trabalhos de engenharia que regulavam o abastecimento de água e como precisava administrar complicadas transações econômicas por muitos anos e de uma área de milhares de quilômetros, a cidade fluvial necessitava de registros, o que, evidentemente, significava escrita. Necessitava de dados astronômicos, à medida que dependia do calendário. Necessitava de meios de navegação por mar ou terra. Tinha, portanto, de transformar as informações requeridas e seu processamento em conhecimento compreensível e ensinável. Como resultado, a cidade fluvial foi responsável pelo desenvolvimento das primeiras escolas e dos primeiros professores. Foi pioneira também na observação sistemática dos fenômenos naturais – aliás, a primeira visão da natureza como algo externo e diferente do homem, governado por leis próprias e independentes.

4. Por fim, a cidade fluvial criou o indivíduo. Fora da cidade, como ainda vemos nas comunidades tribais que sobreviveram até nossa era, só existia a tribo. O homem como indivíduo não era visto ou considerado. Nas cidades fluviais da Antiguidade, porém, o indivíduo tornou-se, por necessidade, o ponto focal. E nessa esteira surgiram não só a compaixão e o conceito de justiça, mas as artes como hoje as conhecemos, os poetas e, mais tarde, as religiões e os filósofos.

Essas descrições, evidentemente, são apenas um esboço. Eu só queria dar uma ideia da magnitude das inovações sociais e políticas que estavam por trás da criação das civilizações fluviais. Minha intenção é mostrar que as cidades fluviais eram, em essência, "modernas", se entendemos o termo, e que, até hoje, a história baseou-se nas fundações estabelecidas há mais de cinco mil anos. Aliás, seria possível afirmar que a história da humanidade nos últimos cinco mil anos foi, em grande parte, uma expansão das instituições sociais e políticas das cidades fluviais a áreas cada vez maiores, isto é, a todas as áreas do planeta onde há abastecimento de água para o cultivo do solo. Em seus primórdios, a cidade fluvial era o oásis de um mundo nômade e tribal. Em 1900, o mundo nômade e tribal havia se tornado exceção.

A civilização fluvial baseava-se diretamente numa revolução tecnológica. Poderíamos chamá-la, sem medo de exagero, de "Estado tecnológico". Todas as suas instituições foram respostas a oportunidades e desafios oferecidos pela nova tecnologia. Todas as suas instituições visavam, acima de tudo, tornar a nova tecnologia produtiva.

Espero que me permitam uma pequena digressão.

A história das civilizações fluviais ainda não foi escrita. Existe enorme quantidade de material disponível hoje em dia sobre o assunto. Há 50 anos, tínhamos, no máximo, alguns fragmentos. Contamos também com maravilhosas discussões sobre essa ou aquela civilização fluvial, como por exemplo a da Suméria. No entanto, a missão hercúlea de recriar essa grande realização da humanidade e de contar a história da primeira grande civilização ainda não foi cumprida.

Esse deveria ser um trabalho para os historiadores da tecnologia, como professamos ser. No mínimo, precisamos de um historiador que tenha muito interesse pela tecnologia e verdadeiro conhecimento do assunto. O tema central em torno do qual essa história terá de ser escrita devem ser os impactos e as funções da nova tecnologia e as oportunidades e desafios que a primeira grande revolução tecnológica apresentou. As instituições sociais, políticas e culturais, por mais familiares que sejam para nós hoje dia – porque são, em grande medida, as instituições com as quais convivemos por cinco mil anos –, eram todas novidade na época e todas resultado da nova tecnologia e das tentativas de solucionar os problemas ocasionados por essa tecnologia.

Nossa argumentação na Society for the History of Technology é que a história da tecnologia representa um elemento fundamental na grande trama da história humana. Acreditamos que a história da humanidade não tem como ser adequadamente compreendida sem uma relação com a história do trabalho e das ferramentas humanas, isto é, a história da tecnologia. Alguns de nossos colegas e amigos – permitam-me mencionar apenas um ou outro nome conhecido, como Lewis Mumford, Fairfield Osborn, Joseph Needham, R.J. Forbes, Cyril Stanley Smith e Lynn White – demonstraram brilhantemente, em seus próprios trabalhos, o profundo impacto da tecnologia em nossa história política, social, econômica e cultural. Contudo, embora as mudanças tecnológicas sempre tenham influenciado nossa forma de viver e trabalhar, em nenhuma outra época a tecnologia influenciou tão diretamente a civilização e a cultura como no período da primeira revolução tecnológica, isto é, durante o surgimento das antigas civilizações fluviais.

Só agora, porém, é possível contar a história. Não há mais como ignorá-la, pois os fatos estão disponíveis, conforme mencionado anteriormente. E agora, como também vivemos numa revolução tecnológica, somos capazes de compreender o que aconteceu na época – nos primórdios da história. Temos um grande trabalho pela frente: mostrar que a abordagem tradicional de nossa história – a abordagem que se ensina na escola –, em que a história "relevante" começa com os gregos (ou as dinastias chinesas), é limitada e não abarca a verdadeira "civilização antiga".

Mas me desviei um pouco do tema, a questão que coloquei no início – o que podemos aprender com a primeira revolução tecnológica em termos de prováveis impactos na humanidade, na sociedade e no governo a partir da nova revolução industrial, a que estamos vivenciado no momento. Será que a história da civilização fluvial mostra que o homem é determinado, dominado e coagido por suas realizações técnicas? Ou mostra que o homem é capaz de usar a tecnologia em proveito próprio, dominando as ferramentas que ele mesmo criou?

A resposta que as civilizações fluviais nos dão a essa pergunta divide-se em três pontos.

1. Sem sombra de dúvida, as grandes mudanças tecnológicas criam a necessidade de inovação social e política, tornando obsoletas as estruturas institucionais vigentes e exigindo novas formas de organização da comunidade, da sociedade e do governo. Nesse sentido, podemos afirmar que as mudanças tecnológicas de caráter revolucionário coagem, pois *demandam inovação*.

2. A segunda resposta também envolve uma forte necessidade. Não restam dúvidas, concluiríamos ao analisar as civilizações fluviais, de que mudanças tecnológicas específicas requerem inovações sociais e políticas igualmente específicas. O fato de que as instituições básicas das

cidades fluviais do Velho Mundo, apesar da grande diferença cultural, possuíam diversas semelhanças entre si não prova muita coisa. Afinal de contas, devia haver muita difusão cultural na época (embora eu me recuse a entrar no mérito de debater se foi a Mesopotâmia ou a China que inovou primeiro). No entanto, o fato de as civilizações fluviais do Novo Mundo – em torno do Novo México e da península de Iucatã –, apesar de culturalmente independentes, terem desenvolvido, milênios depois, instituições em essência muito parecidas com as do Velho Mundo (por exemplo, um governo organizado, com classes sociais e um exército permanente, além da escrita) seria forte evidência de que as soluções para as condições criadas pela nova tecnologia têm de ser específicas e são, portanto, limitadas em número e abrangência.

Em outras palavras, uma lição a ser aprendida com a primeira revolução tecnológica é que a nova tecnologia cria o que um filósofo da história poderia chamar de "realidade objetiva". E a realidade objetiva tem de ser estudada em *seus* próprios termos. Tal realidade seria, por exemplo, a transformação do espaço humano, ao longo da primeira revolução tecnológica, de "habitat" para "assentamento", isto é, uma unidade territorial permanente que sempre estará no mesmo lugar – ao contrário dos rebanhos migratórios dos pastores ou dos campos de caça das tribos primitivas. Só isso já inviabilizava a existência das tribos e demandava um governo fixo, impessoal e poderoso.

3. As civilizações fluviais, entretanto, podem nos ensinar também que a realidade objetiva determina somente os parâmetros gerais das soluções – determina onde, e em que aspecto, as novas instituições são necessárias. Nada é "inevitável". A questão de *como* os novos problemas serão atacados – qual o propósito e os valores das novas instituições – fica em aberto.

Nas civilizações fluviais do Novo Mundo, o conceito de indivíduo, por exemplo, não tinha força. Essas civilizações, até onde sabemos, nunca conseguiram separar lei de costume nem inventaram o dinheiro, apesar das transações bastante desenvolvidas.

Mesmo no Velho Mundo, onde uma civilização fluvial podia aprender com as outras, havia grandes diferenças. As civilizações fluviais não eram homogêneas, embora tivessem tarefas similares a realizar, desenvolvendo instituições semelhantes para isso. As diferentes respostas específicas expressavam, acima de tudo, diferentes formas de enxergar a humanidade, sua posição no universo e a sociedade – diferentes propósitos e valores.

O surgimento de um governo burocrático impessoal foi imperativo, caso contrário essas civilizações não teriam dado certo. No Oriente Médio, porém, ficou evidente, desde os primeiros estágios, que um governo desses poderia servir tanto para explorar quanto para reprimir o homem comum, além de estabelecer justiça para todos e proteção para os fracos. Desde o início, o governo no Oriente Médio viu-se envolvido com uma decisão ética crucial. No Egito, contudo, essa decisão nunca foi considerada. A questão do propósito do governo nunca foi levantada. E o principal objetivo do governo da China não era a justiça, mas a harmonia.

Foi no Egito que o conceito de indivíduo surgiu pela primeira vez, como testemunha a grande quantidade de escritos, pinturas e estátuas de profissionais – escribas e administradores, por exemplo – que chegou até nós, a maioria totalmente consciente da singularidade do indivíduo, declarando abertamente sua primazia. No Egito, por exemplo, temos o registro dos nomes dos importantes arquitetos que construíram as pirâmides. Não sabemos os nomes dos arquitetos igualmente importantes que construíram os castelos e palácios de Assur e da Babilônia, muito menos dos primeiros arquitetos da China. Mesmo assim, o Egito suprimiu a noção de indivíduo após um curto período de tempo, durante o qual floresceu (talvez como parte da reação contra as perigosas heresias de Akenaton). Não há vestígios de indivíduos nos registros do Médio Império e do Novo Império, o que talvez explique sua relativa esterilidade.

Nas outras áreas, surgiram duas abordagens básicas completamente diferentes. Uma, a da Mesopotâmia e dos taoístas, podemos chamar de "personalismo", a abordagem que encontra sua maior expressão nos últimos profetas hebreus e nos dramaturgos gregos. Aqui, a ênfase está em desenvolver ao máximo as capacidades do indivíduo. Na outra abordagem – podemos chamá-la de "racionalismo", ensinada e exemplificada principalmente por Confúcio –, o objetivo é a moldagem do indivíduo de acordo com ideais de retidão e perfeição preestabelecidos. Não preciso nem dizer que essas duas abordagens permeiam nossa forma de pensar em relação à educação até hoje.

Outro exemplo são as forças armadas. As civilizações fluviais tiveram de desenvolver um sistema de defesa organizado, mas surgiram três abordagens diferentes: uma classe militar isolada, apoiada por meio de tributos cobrados à classe produtiva, os agricultores; a milícia, saída da própria classe camponesa; e os mercenários. Não resta muita dúvida de que, desde o início, todos sabiam que cada uma dessas três abordagens teria consequências políticas bastante evidentes. Não foi por coincidência que o Egito, destronando líderes locais insignificantes, nunca desenvolveu uma classe militar profissional permanente.

Até a estrutura de classes, embora comum a todas as civilizações fluviais, mostrava grandes diferenças dependendo da cultura e da época. Era usada para criar castas permanentes e completa imobilidade social, mas também servia para criar alto grau de mobilidade social e considerável número de oportunidades para quem possuía talento e ambição.

Consideremos a ciência. Sabemos agora que nenhuma civilização antiga superou a China em termos de qualidade e quantidade de observações científicas. No entanto, sabemos também que a cultura chinesa original não revelou nada que poderíamos chamar de ciência. Talvez por causa de seu racionalismo, os chineses evitam generalizações. E, por mais fantasiosas e especulativas que sejam, são as generalizações do Oriente Médio e a matemática do Egito que apontam o caminho à ciência sistemática. Os chineses, com seu elevado poder de observação, poderiam obter grande número de informações sobre a natureza, mas sua visão do universo permaneceu totalmente inalterada – em nítido contraste com relação ao que sabemos a respeito do desenvolvimento médio-oriental que serviu de base para a ascensão da Europa.

Em suma, a história da primeira revolução tecnológica da humanidade nos leva às seguintes conclusões:

1. As revoluções tecnológicas criam uma necessidade objetiva de inovações sociais e políticas. Criam também a necessidade de identificar áreas em que as novas instituições são necessárias e as velhas estão se tornando obsoletas.

2. As novas instituições têm de estar de acordo com as novas necessidades específicas. Existem respostas sociais e políticas certas em relação à tecnologia e respostas sociais e políticas erradas. Na medida em que somente uma resposta institucional acertada será eficiente, a sociedade e o governo são, em grande parte, limitados pela nova tecnologia.

3. No entanto, os valores que essas instituições tentam colocar em prática, seus propósitos humanos e sociais, e, talvez mais importante do que isso, a ênfase dada a um propósito em detrimento de outro, estão, em grande medida, dentro do controle humano. A estrutura óssea, a parte sólida de uma sociedade, é definida pelas tarefas que ela precisa cumprir. Mas o *ethos* da sociedade está nas mãos do homem e é muito mais uma questão de "como", não de "o quê".

Pela primeira vez em milhares de anos, enfrentamos novamente uma situação comparável ao que nossos remotos ancestrais enfrentaram na época das civilizações fluviais. Não é somente a velocidade da mudança tecnológica que cria a revolução, mas sua abrangência também. Hoje em dia, como há sete mil anos, o desenvolvimento tecnológico de muitas áreas está ocorrendo em conjunto, gerando um novo ambiente humano, o que não aconteceu em nenhum outro período – somente entre a primeira revolução tecnológica e a revolução tecnológica que começou há 200 anos (ainda em andamento).

Estamos, portanto, diante da grande missão de identificar as áreas em que as inovações sociais e políticas são necessárias; desenvolver instituições para as novas tarefas, instituições que atendam às novas necessidades e funções geradas pelas mudanças tecnológicas; e, por fim – a maior missão de todas –, fazer as novas instituições representarem os valores que defendemos, e possuírem propósitos que consideramos certos e sirvam à liberdade, à dignidade e às finalidades humanas.

Se um homem instruído daquela época da primeira revolução tecnológica – um profissional sumério, quem sabe, ou chinês – olhasse para nós hoje em dia, ficaria totalmente desconcertado com nossa tecnologia, mas tenho certeza de que acharia nossas instituições sociais e políticas bastante familiares; afinal, até certo ponto elas não diferem muito das instituições que ele e seus contemporâneos conceberam. Tenho certeza de que ele daria um sorriso sardônico tanto para aqueles que preveem um paraíso tecnológico quanto para quem prevê um inferno de alienação, de "desemprego tecnológico" etc. Talvez murmurasse consigo mesmo: "Foi aí que eu entrei em cena." Mas para nós diria: "Um tempo como foi o meu e como é o de vocês, um tempo de verdadeira revolução tecnológica, não é um tempo de exultação, mas também não é um tempo de desespero. É um tempo de trabalho e responsabilidade."

CAPÍTULO 8

O planejamento de longo prazo*

É MAIS FÁCIL DEFINIR o que não é planejamento de longo prazo do que o contrário. Três pontos principais, que geralmente são vistos como planejamento de longo prazo, com certeza não são.

1. Primeiro, o planejamento de longo prazo não é "previsão". Em outras palavras, não tem nada a ver com prever o futuro. Qualquer tentativa nesse sentido é perda de tempo. Os seres humanos não têm como predizer ou controlar o futuro.

    Se alguém ainda sofre da ilusão de que tem a capacidade de prever além do futuro imediato, uma boa ideia é ler as manchetes dos jornais do passado e se perguntar se poderia ter previsto, 10 anos antes, tudo o que aconteceu.

    Poderia ter previsto que os russos hoje em dia, mesmo com nossa ajuda, se aventurariam nos ramos mais avançados das ciências físicas e da engenharia? Poderia ter previsto que a Alemanha Ocidental, uma nação totalmente destruída na época, se tornaria o país mais conservador do

---

* Este artigo, reimpresso de *Management Science*, vol. 5, n. 3 (abril de 1959), baseia-se numa palestra ministrada no Quarto Encontro Internacional do Institute of Management Sciences, em Detroit, 17 e 18 de outubro de 1957.

mundo e um dos mais produtivos, sem falar da estabilidade política? Poderia ter previsto que o Oriente Médio passaria a ser um centro de conflitos? Ou teria imaginado que a receita gerada pelo petróleo na região resolveria todos os problemas?

É dessa forma que o futuro sempre se comporta. Tentar prevê-lo, portanto, é infantilidade. Só podemos saber se o que estamos fazendo dará certo ou não tentando. Precisamos lembrar que não há como confiar numa previsão de longo prazo. *O planejamento de longo prazo é necessário justamente porque não temos como prever o futuro.*

Existe, porém, outro motivo mais convincente ainda para explicar por que a previsão do futuro não é o mesmo que o planejamento de longo prazo. Quando estamos empenhados em prever o futuro, procuramos definir o rumo mais provável dos acontecimentos ou, na melhor das hipóteses, uma gama de probabilidades. No entanto, o problema empresarial é um acontecimento que altera todas as possibilidades, pois o universo empresarial não é físico, mas um universo de valores. Na verdade, a principal missão das empresas, a única recompensada pelo lucro, é promover esse acontecimento, a *inovação* que modificará as probabilidades.

Darei um exemplo – um exemplo bem básico, que não tem nada a ver com inovação, mas que ilustra a importância da improbabilidade, mesmo para o comportamento empresarial puramente adaptativo.

Uma grande distribuidora de café enfrentou durante muitos anos um problema de localização e capacidade produtiva de suas usinas de beneficiamento em todo o país. Já se sabia, há muito tempo, que o preço do café era um importante fator nessa história, assim como a localização do mercado, o volume de produção e a estratégia de transporte e entrega. Bem, se pudermos prever alguma coisa, os preços referem-se a uma única mercadoria, e as previsões orçamentárias dos economistas da empresa foram bastante precisas. No entanto, as decisões quanto à localização e capacidade produtiva da fábrica com base nessas previsões eram sempre equivocadas, e esses erros custavam caro. Eventos de precificação extrema, cuja probabilidade era sempre baixa, exerciam, mesmo durante apenas uma semana, um impacto nos aspectos econômicos do sistema muito maior do que as "médias" previstas com precisão. Em outras palavras, a previsão obscurecia a realidade econômica. O que se fazia necessário (como a Teoria dos Jogos teria demonstrado) era examinar as possibilidades extremas e perguntar: "Que possibilidades não podemos desconsiderar?"

A única coisa atípica nesse exemplo é que ele é muito simples. De modo geral, as coisas são um pouquinho mais complexas. Entretanto, apesar de sua (enganosa) simplicidade, podemos entender por que a previsão não é uma base adequada para o comportamento adaptativo, muito menos para as decisões empresariais do planejamento de longo prazo.

2. Segundo, o planejamento de longo prazo não tem a ver com decisões futuras, mas com o *futuro das decisões presentes.*

    As decisões existem apenas no presente. A questão que o planejador de longo prazo enfrenta não é o que devemos fazer amanhã, mas o que devemos fazer hoje para estarmos preparados para a incerteza de amanhã. A questão não é o que acontecerá no futuro, mas com que futuro temos de imbuir nossos pensamentos e nossas ações atuais, quais intervalos de tempo temos de considerar e como usaremos essa informação para tomar uma decisão racional agora.

    A tomada de decisões é, em essência, uma máquina do tempo que sincroniza, num único presente, grande número de intervalos de tempo divergentes. Isso é, assim creio, algo que só estamos percebendo agora. Nossa abordagem atual continua tendendo para a elaboração de planos sobre algo que decidiremos fazer no futuro, o que pode ser muito divertido, mas inútil.

    O planejamento de longo prazo é necessário, repito, porque só temos como tomar decisões *no* presente. O resto são apenas intenções. No entanto, não podemos tomar decisões pensando *somente* no presente. A decisão mais conveniente e oportuna – sem contar a decisão de não decidir – deve incluir um comprometimento de longo prazo, quem sabe até permanente e irrevogável.

3. Terceiro, para desfazer o maior mito de todos, *o planejamento de longo prazo não é uma tentativa de eliminar riscos.* Não é sequer uma tentativa de minimizar riscos. Aliás, uma tentativa nesse sentido só levaria a riscos irracionais e ilimitados, e a um desastre na certa.

    A atividade econômica, por definição, compromete recursos atuais para o futuro e, portanto, leva a expectativas altamente incertas. Os riscos são, desse modo, a essência da atividade econômica. Na verdade, um dos teoremas mais rigorosos da economia (a Lei de Böhm-Bawerk) prova que os meios de produção existentes só apresentarão maior desempenho econômico à custa de uma incerteza maior, isto é, de riscos maiores.

    Embora seja inútil tentar eliminar os riscos e questionável tentar minimizá-los, é essencial que os riscos assumidos sejam os *riscos certos*. O resultado final de um planejamento de longo prazo bem-sucedido tem de ser a capacidade de assumir riscos maiores, pois esse é o único meio de melhorar o desempenho *empresarial*. No entanto, para isso, precisamos entender os riscos que assumimos. Devemos ser capazes de escolher racionalmente entre os diversos caminhos que envolvem riscos e não mergulhar na incerteza com base em palpites, boatos e experiências (não importa quão meticulosamente quantificadas).

    Podemos agora tentar definir o que é planejamento de longo prazo. É o processo contínuo de tomar *decisões empresariais (envolvendo risco) no presente*, de modo sistemático e com o maior conhecimento possível de seu futuro; é organizar sistematicamente os *esforços* necessários para que se cumpram essas decisões; e é comparar os resultados dessas decisões com as expectativas, por meio de um processo de *feedback sistemático e organizado*.

"Muito interessante tudo isso", alguns empresários poderiam dizer (e dizem). "Mas por que tanto alarde? Não é isso o que vimos fazendo esse tempo todo, com ótimos resultados? Por que, então, todo esse ritual? Por que essa preocupação, como se o planejamento fosse uma atividade isolada? Em outras palavras, por que pensar em 'planejamento de longo prazo' e falar a respeito?"

É bem verdade que não existe nada de realmente novo nesse assunto em termos de decisões empresariais. Os empresários tomam decisões desde que se entendem por gente. Não há nenhuma novidade aqui quanto aos princípios da atividade econômica. A atividade econômica sempre foi o comprometimento de recursos atuais a futuras expectativas, e nos últimos 30 anos isso tem sido feita em busca de mudanças. (Mas não foi sempre assim. As primeiras atividades econômicas baseavam-se na premissa de que não haveria mudanças, premissa defendida por todas as instituições. De modo geral, até o século XVII, o propósito das instituições humanas era evitar a mudança. As organizações empresariais representam uma incrível novidade nesse contexto, uma vez que são as primeiras instituições humanas a buscar a mudança.)

Alguns pontos, porém, são novos, criando a necessidade de um processo organizado, sistemático e, acima de tudo, específico, que chamamos de "planejamento de longo prazo".*

1. Os prazos das decisões empresariais e gerenciais cresceram tanto e tão depressa que hoje em dia é preciso explorar sistematicamente a incerteza e os riscos das decisões.

   Reza a lenda que, por volta de 1888, o grande Thomas Edison, inventor já conhecido mundialmente, foi a um dos grandes bancos de Nova York pedir um empréstimo para um trabalho que estava realizando. Como podia dar garantia de pagamento e era uma pessoa famosa, os vice-presidentes não hesitaram: "Evidentemente, Sr. Edison, de quanto o senhor precisa?" Um deles, entretanto, por mera curiosidade, resolveu perguntar: "Diga-me uma coisa, Sr. Edison: quanto tempo o senhor levará para lançar esse novo produto?" Edison fitou-o e respondeu: "Olhe, julgando pela experiência do passado, precisarei de 18 meses só para saber se terei um produto ou não." Os dois vice-presidentes, completamente pasmos, negaram o empréstimo, apesar da garantia. O homem

---

* "Planejamento de longo prazo" não é uma expressão do meu agrado. É um nome pouco apropriado – como tantos termos das áreas de economia e administração, como "capitalismo", "automação", "pesquisa operacional", "engenharia industrial" e "desvalorização" –, mas agora é tarde demais. O termo já se tornou lugar-comum.

deveria estar louco. Dezoito meses de incerteza certamente não era um risco que um homem de negócios em sã consciência assumiria!

Hoje em dia, praticamente todo gerente assume 10 ou 20 anos de riscos sem pestanejar – em desenvolvimento de produtos, pesquisa, desenvolvimento de mercado, desenvolvimento de organizações de vendas e em quase todas as áreas. Esse alongamento do prazo de compromisso é uma das características mais significativas de nossa era. Explica grande parte de nossos avanços econômicos. Embora quantitativo, modificou o caráter qualitativo das decisões empresariais. O tempo deixou de ser uma dimensão em que as decisões de negócios são tomadas e passou a ser um elemento essencial das próprias decisões.

2. Outra característica nova de nosso tempo é a velocidade e o risco das inovações. A definição desse termo vai além do objetivo deste ensaio.*

Só precisamos saber, contudo, que as despesas com pesquisas industriais (isto é, despesas empresariais voltadas basicamente para a inovação de produtos e processos corriqueiros) tiveram grande aumento em nosso país, de menos de $100 milhões em 1928 para $7 bilhões ou $8 bilhões em 1958. Como podemos constatar, uma economia tecnologicamente lenta, ou mesmo estática, tornou-se uma economia de fluxo tecnológico violento, rápida obsolescência e grandes incertezas.

3. Testemunhamos também a crescente complexidade, tanto das empresas em si quanto da economia e da sociedade em que elas estão inseridas. O trabalho exige cada vez mais especialização, criando uma demanda crescente de uma visão, um entendimento e uma linguagem comuns, sem os quais as decisões da alta administração, mesmo acertadas, nunca serão colocadas em prática.

---

* Para mais informações a respeito, ver meu livro *The Landmarks of Tomorrow* (Londres: Heinemann, 1959).

4. Por fim – uma questão sutil, mas talvez a mais importante –, o conceito do homem de negócios em relação à base das decisões empresariais é um conceito equivocado.

A maioria dos empresários acredita que essas decisões são tomadas pela "alta administração". Aliás, quase todos os livros acadêmicos sustentam a ideia de que "as decisões básicas relacionadas à política empresarial" são prerrogativa da "alta administração". A alta administração pode, se quiser, "delegar" algumas decisões, e nada mais.

No entanto, isso reflete a realidade do passado, não do presente, e muito menos do futuro. Sem dúvida, a alta administração deve ter a palavra final, a responsabilidade final. Nas organizações empresariais de hoje, contudo, já não existem vários "chefes" na direção tomando todas as decisões enquanto os "trabalhadores" executam suas ordens. As novas organizações* são, basicamente, constituídas de profissionais com conhecimento especializado, que exercem julgamento autônomo e responsável. Cada um deles – seja gerente ou colaborador individual – tem de tomar decisões verdadeiramente empresariais, isto é, decisões que influenciam os aspectos econômicos e os riscos de toda a empresa. Essas decisões são tomadas não por "ordens da alta administração", mas como parte de seu trabalho.

Para essas organizações funcionarem, duas coisas são necessárias: que toda a organização saiba quais as metas, a direção e as expectativas do grupo e que a alta administração tenha conhecimento das decisões, compromissos e iniciativas de seus membros. O foco necessário – poderíamos chamá-lo de *modelo do que é relevante no ambiente interno e externo* – somente um plano de longo prazo pode propiciar.

Uma forma de resumir o que é novo e diferente no processo empresarial de tomada de decisões é falar em termos de informação. A quantidade, a diversidade e a ambiguidade das informações que influenciam o tomador de decisões têm crescido tanto que a reação natural dos bons gerentes é não dar conta e entrar em parafuso. Tal reação pode se manifestar de duas formas, segundo os psicólogos: distanciamento da realidade, isto é, "Sei o que sei e me guio somente por isso. O resto é irrelevante e não me interessa", ou um

---

* Para mais informações sobre essas "novas organizações", ver *Landmarks of Tomorrow*.

sentimento de que o universo perdeu a lógica, de modo que uma decisão é tão boa quanto outras, o que resulta em paralisia. Vemos esses dois tipos de reações nos executivos que precisam tomar decisões hoje em dia. Em nenhum dos dois casos, as decisões resultantes deverão ser racionais ou bem-sucedidas.

> *Existe outra coisa que os administradores e os estudiosos da administração devem aprender com os psicólogos. A organização das informações, de modo geral, é mais importante para a capacidade de percepção e ação do que a análise e a compreensão das informações. Lembro-me de uma experiência com a organização de um planejamento de pesquisa numa empresa farmacêutica. A tentativa de analisar as decisões de pesquisa – inclusive de definir alternativas às decisões – havia sido um fracasso total. No processo, porém, as decisões foram classificadas de modo tal que os pesquisadores tinham como saber que tipo de decisão era pertinente em cada etapa. Eles ainda não sabiam que fatores deveriam considerar e que fatores deveriam descartar numa determinada decisão, nem quais eram os riscos. Não sabiam explicar por que tomaram uma decisão em vez de outra, nem expressar suas expectativas. No entanto, só o fato de organizar as informações já lhes possibilitou utilizar sua experiência e dar palpites – com visível melhoria no desempenho de todo o grupo de pesquisa.*

O "planejamento de longo prazo" é mais do que a organização e a análise de informações. É um processo de tomada de decisões. Entretanto, mesmo o trabalho de informações não tem como ser realizado se não fizer parte de um esforço de planejamento organizado – caso contrário, não há como determinar que informações são relevantes.

Quais são, então, os pré-requisitos de um planejamento de longo prazo? Não temos como enumerá-los todos com precisão, mas podemos especificá-los.

Aliás, podemos – e devemos – apresentar dois grupos de especificações: as características do processo em si e o conteúdo principal do novo conhecimento.

1. Decisões empresariais que envolvem riscos, não importa se são tomadas de modo racional ou intuitivo, sempre incluem os mesmos oito elementos:

    a. *Objetivos*. Este é, claramente, um termo ambíguo, talvez até abstrato. Pode ser difícil para a ciência da administração definir "objetivos", assim como é difícil para a biologia definir "vida". No entanto, seremos tão inúteis sem a definição de objetivo quanto os biólogos seriam sem a definição de vida. Qualquer decisão empresarial – ainda mais o sistema de decisões integradas que chamamos de "plano de longo prazo" – tem objetivos, sejam conscientes ou não.

    b. *Premissas*. É aquilo que as pessoas responsáveis pelas decisões julgam como "verdadeiro" no universo interno e externo dos negócios.

    c. *Expectativas*. Os acontecimentos futuros ou os resultados considerados prováveis ou alcançáveis.

Poderíamos dizer que esses três elementos *definem a decisão*.

    d. *Linhas de procedimento alternativas*. Nunca há – na realidade, em uma situação de verdadeira incerteza é impossível haver – uma "única decisão certa". É impossível haver, inclusive, uma "decisão melhor". Existem, isso sim, "decisões erradas", isto é, decisões inadequadas em relação aos objetivos, incompatíveis com as premissas ou bastante improváveis perante as expectativas. No entanto, uma vez eliminada a possibilidade de tomar uma decisão errada, ainda sobram diversas alternativas – cada uma representando uma configuração diferente de objetivos, premissas e expectativas, com seus próprios riscos e sua própria relação entre riscos e recompensas, com seu próprio impacto, esforços e resultados. Toda decisão é, portanto, um julgamento de valores – não são os "fatos que decidem". As pessoas têm de escolher entre alternativas imperfeitas com base em conhecimento incompleto e compreensão fragmentada.

> *Duas alternativas merecem menção especial, nem que seja somente porque elas têm de ser consideradas em qualquer caso. Uma é a alternativa da inação (que equivale, evidentemente, a adiar uma decisão); a outra é a escolha importantíssima entre a ação adaptativa e a ação inovadora – cada uma com riscos que diferem muito em caráter, mas não necessariamente em magnitude.*

e. O próximo elemento no processo de tomada de decisões são as *decisões em si*.

f. No entanto, não existe a possibilidade de tomar decisões isoladas. Toda decisão é, inevitavelmente, parte de uma *estrutura de decisões*.

> *Todo financista sabe, por exemplo, que a apropriação de capital para um novo investimento implica um compromisso com futuras apropriações geralmente maiores, embora quase nunca tão grandes quanto mencionadas na proposta. Poucos parecem perceber, contudo, que isso não apenas implica um compromisso positivo, mas também, pelo financiamento de recursos extras, limita a futura liberdade de ação. O impacto estrutural de uma decisão é ainda maior no que se refere às alocações de mão de obra escassa, como pesquisadores.*

g. Uma decisão não passa de boa intenção se não conduzir à ação. Toda decisão, por conseguinte, tem uma *etapa de impacto*.

Esse impacto segue a Segunda Lei de Newton, por assim dizer. Ação e reação. Requer esforço, mas também pode atrapalhar. Devemos, então, nos perguntar sempre: que esforço é necessário ser feito, por quem e onde? O que as pessoas precisam saber, o que elas precisam fazer e o que elas precisam realizar? Mas existe também a pergunta, geralmente ignorada: qual o efeito dessa decisão em outras áreas? Onde ela modifica os problemas, as fraquezas e os pontos de estresse? E que impacto ela tem lá fora – no mercado, na estrutura de abastecimento, na comunidade, e assim por diante?

h. Por fim, há os *resultados*.

Cada um desses elementos do processo merece um livro inteiro, mas acho que já falei o suficiente para mostrar que tanto o processo em si quanto cada elemento dele são fatores *racionais*, por mais irracionais e arbitrários que possam parecer. O processo e seus componentes podem, portanto, ser definidos, estudados e analisados, além de aprimorados por meio de um trabalho sistemático e organizado. Como acontece em todos os processos racionais, o processo inteiro é aperfeiçoado quando definimos, esclarecemos e analisamos cada um de seus componentes.

2. Podemos também, como dissemos anteriormente, descrever o planejamento de longo prazo em termos do conteúdo específico do novo conhecimento.

   Entre as áreas em que esse novo conhecimento é especialmente contundente, podemos citar:

   a. *A dimensão temporal do planejamento.*

      Dizer planejamento de "longo prazo" ou "curto prazo" indica que o planejamento é definido por um intervalo de tempo. E é exatamente assim que as empresas encaram o planejamento quando falam de um "plano de cinco anos" ou um "plano de 10 anos". A essência do planejamento, porém, é tomar decisões no presente com conhecimento do futuro. É o futuro que determina o intervalo de tempo, e não o contrário.

      > *A rigor, os termos "curto prazo" e "longo prazo" não descrevem intervalos de tempo, mas etapas de decisões. "Curto prazo" é a etapa anterior à concretização da decisão, a etapa em que há somente "investimento" e nenhum "resultado" ainda. O "curto prazo" da decisão de construir uma usina siderúrgica é de aproximadamente cinco anos, até a usina estar em produção. O "longo prazo" de qualquer decisão é o período de desempenho necessário para que a decisão seja considerada bem-sucedida – 20 anos ou mais no caso, para alcançar o ponto de equilíbrio das operações.*

      Existem limitações quanto ao futuro. Nas decisões de negócios, o enunciado matemático mais preciso geralmente é aquele dos tempos de escola – retas paralelas são duas linhas que se encontram no infinito. Certamente, em relação às expectativas e previsões de um negócio, vale a velha regra de estatística: qualquer tempo superior a 20 anos é igual a infinito. Como as expectativas superiores a 20 anos, portanto, têm valor presente igual a zero, devem receber apenas o mínimo possível de recursos e esforços.

Por outro lado, se os resultados futuros exigirem um longo período de gestação, eles só serão alcançados se forem iniciados a tempo. Portanto, o planejamento de longo prazo requer conhecimento do futuro: o que devemos fazer hoje se quisermos estar em determinado lugar no futuro? O que não será alcançado de jeito nenhum se não investirmos logo?

> *Se soubermos que leva 99 anos para um pinheiro crescer e dar frutos no noroeste, plantar sementes hoje é a única forma de ter pinhão daqui a 99 anos. Alguém pode até desenvolver um fertilizante que acelere o processo, mas se estivermos na indústria de papel não poderemos contar com isso. É concebível e bastante provável que usemos as árvores como fonte de substâncias químicas muito antes de elas chegarem à maturidade. Em alguns casos, podemos chegar a obter papel em 30 anos, de fontes de celulose menos preciosas e estruturadas do que as árvores, que constituem a fábrica química mais avançada do reino vegetal. Isso significa, contudo, que nossas florestas podem nos colocar na indústria química por algum tempo nos próximos 30 anos, e é bom que tenhamos aprendido algo de química. Se nosso abastecimento de papel depende dos pinheiros, nosso planejamento não pode se restringir a 20 anos. Devemos considerar 99 anos. Porque precisamos ser capazes de dizer se devemos plantar árvores hoje ou adiar esse trabalho dispendioso.*
>
> *Em outros casos, mesmo cinco anos já é um período absurdamente longo. Se nosso negócio é comprar mercadorias a preço reduzido para vendê-las em leilão, a liquidação da próxima semana já é um "futuro de longo prazo" e qualquer tempo além disso é irrelevante para nós.*

É a natureza do negócio e a natureza da decisão que determinarão os prazos de planejamento.

Ainda assim, os prazos não são fixos ou "garantidos". A decisão em relação ao tempo é a primeira decisão importante no processo de planejamento, pois envolve risco. Determina, em grande parte, a alocação de recursos e esforços, os riscos a serem assumidos (vale sempre lembrar que adiar uma decisão é, por si só, uma decisão de risco, muitas vezes irrevogável) e até mesmo o caráter e a natureza do negócio.

b. *A estrutura e a configuração* da decisão.
O problema da dimensão do tempo está intimamente ligado com a questão da estrutura da decisão. Por trás de todo o conceito do planejamento de longo prazo existem dois insights simples.

> *Precisamos de uma estrutura de decisão integrada para o negócio como um todo. Não há como tomar decisões isoladas sobre produtos, mercados ou pessoas. Qualquer decisão de grande risco influencia o todo, e nenhuma decisão pode ser isolada no tempo. Toda decisão é como um movimento num jogo de xadrez. A única diferença é que as regras do mundo dos negócios não são tão claras. Não existe um "tabuleiro" finito, e as peças não são tão evidentes, além de serem em maior número. Cada movimento abre algumas oportunidades de decisão futuras e fecha outras. Cada movimento, portanto, compromete de modo positivo e negativo.*

Deixem-me ilustrar esses insights com um exemplo simples, o de uma importante empresa siderúrgica atual.

> *Estou certo de que é relativamente claro para qualquer aluno de tecnologia (não de tecnologia do aço, mas de tecnologia em geral) que a área de produção de aço está à beira de uma grande mudança tecnológica. Que mudança é essa talvez só o produtor de aço saiba, mas que ocorrerá uma mudança qualquer aluno que estude os padrões, a dinâmica e, diria eu, a morfologia do desenvolvimento tecnológico poderia afirmar. Uma análise lógica – não metalúrgica – do processo indicaria inclusive em que áreas as mudanças devem ocorrer. Ao*

mesmo tempo, as empresas siderúrgicas veem-se diante da necessidade de aumentar sua capacidade produtiva se quiserem continuar no mercado, supondo que o consumo do aço continue crescendo. A decisão de construir uma fábrica hoje em dia, quando não há nada disponível além da antiga tecnologia, significa que por um período de 15-20 anos a empresa não terá como migrar para a nova tecnologia, a não ser por um valor proibitivo. É bastante improvável, observando o padrão tecnológico, que essas mudanças se concretizem com pequenas modificações nas fábricas existentes. O mais provável é que elas exijam novas instalações. Se construir novas fábricas hoje, a empresa abre mão de certas oportunidades ou pelo menos aumenta significativamente o futuro preço de entrada. Ao mesmo tempo, se decidir adiar a construção, pode perder oportunidades como posição de mercado, quiçá para sempre. A administração precisa, portanto, contextualizar essa decisão – sem entrar em muitos detalhes, talvez – no processo contínuo de tomada de decisões empresariais.

Por outro lado, as decisões empresariais devem ser adequadas. Além de que é impossível saber todas as consequências de uma decisão, mesmo a curto prazo, uma mera tentativa nesse sentido levaria à completa paralisia.

No entanto, a decisão quanto ao que dever ser considerado e o que não deve já é uma decisão difícil e importante. Precisamos de conhecimento para tomá-la – eu diria que precisamos de uma teoria de inferência empresarial.

c. *As características dos riscos.*

Não é somente a magnitude dos riscos que precisa ser avaliada nas decisões empresariais. É, acima de tudo, o caráter do risco. Devemos nos perguntar, por exemplo: esse é o tipo de risco que podemos assumir ou o tipo de risco que não podemos assumir? Estamos diante daquele tipo de risco raro, mas que não temos como não assumir – às vezes, inclusive, ignorando adversidades?

Conta-se que os melhores cientistas da General Electric advertiram seus gerentes em 1945 de que a energia nuclear levaria 40 anos para poder ser usada como energia elétrica no âmbito comercial. Mesmo assim, a General Electric decidiu – acertadamente – que teria de entrar no ramo de energia atômica. A empresa não tinha como não assumir esse risco enquanto houvesse a possibilidade, por mais remota que fosse, de a energia atômica vir a se tornar uma fonte viável de energia elétrica.

Sabemos, por experiência, que os riscos que não temos como não assumir são como um jogo de pôquer "high-low".* Com uma mão mediana inevitavelmente perderemos. Mas não sabemos por que é assim. E os outros tipos de risco, muito mais comuns, nem chegamos a compreender.

d. *Por fim, há a questão da mensuração.*
Não preciso explicar para os leitores do *Management Science* por que a mensuração é necessária na administração e, sobretudo, nas decisões empresariais organizadas que chamamos de "planejamento de longo prazo".

Devemos dizer, entretanto, que nas instituições humanas – como as organizações empresariais –, as mensurações, a rigor, não existem e não têm como existir. As mensurações, por definição, são elementos impessoais e objetivos, isto é, independentes do que está sendo medido. O crescimento de uma criança não depende de parâmetros ou registros. No entanto, qualquer mensuração numa organização empresarial determina uma ação – tanto da parte de quem está medindo quanto da parte de quem está sendo medido – e, por conseguinte, direciona, limita e define o comportamento e o desempenho da empresa. Mensuração empresarial é sempre motivação, isto é, força moral e *ratio cognoscendi*.**

Além disso, no planejamento de longo prazo, não lidamos com acontecimentos observáveis. Lidamos com acontecimentos futuros, isto é, com expectativas, e as expectativas, como não podem ser observadas, não são "fatos" e não têm como ser medidas.

---

* *Nota do Tradutor*: Pôquer "high-low" é quando a bolada é dividida entre o jogador com a melhor mão e o jogador com a pior mão.
** *Nota do Tradutor*: Designa aquilo que nos permite conhecer algo, constituindo, portanto, o fundamento de seu conhecimento.

As mensurações no planejamento de longo prazo apresentam, portanto, problemas bem reais, sobretudo questões conceituais. No entanto, justamente porque aquilo que mensuramos e a forma de mensurar determinam o que será considerado relevante e definem não somente o que vemos, mas o que nós – e os outros – fazemos, as mensurações são elementos fundamentais no processo de planejamento. Se não incluirmos expectativas nas decisões de planejamento de modo que possamos saber desde o início se elas são realizáveis ou não, além de saber quais são os desvios significativos em relação a tempo e escala, não temos como planejar e não temos feedback – nenhuma forma de autocontrole na administração.

Evidentemente, no planejamento de longo prazo também precisamos de conhecimento *gerencial* – o conhecimento referente às operações de um negócio. Precisamos desse conhecimento, assim como das informações sobre os recursos disponíveis, principalmente os recursos humanos – suas capacidades e suas limitações. Devemos saber como "traduzir" necessidades, resultados e decisões empresariais em capacidade produtiva funcional e trabalho especializado. Afinal, não existe decisão funcional nem dados funcionais, assim como não existem lucros funcionais, perda funcional, investimento funcional, risco funcional, cliente funcional, produto funcional e imagem funcional. Existe apenas um produto, um risco, um investimento e, portanto, só importam o desempenho e os resultados da empresa. Ao mesmo tempo, o trabalho precisa ser realizado por pessoas, e cada uma tem sua especialização. Desse modo, para que possa haver uma decisão, precisamos integrar conhecimentos e capacidades individuais divergentes em um único potencial organizacional. E, para a decisão ser eficaz, devemos ser capazes de traduzi-la em uma diversidade de iniciativas individuais, especializadas e focadas.

Existem também grandes problemas em relação ao conhecimento na missão empresarial que não mencionei – os problemas de crescimento e mudança, por exemplo, ou a questão dos valores morais de uma sociedade e seu significado para as empresas. Esses problemas, contudo, existem em muitas áreas e disciplinas além da administração.

Neste ensaio, limito-me intencionalmente ao conhecimento específico do processo de planejamento de longo prazo. Mesmo tendo falado muito por alto das principais áreas, creio que disse o suficiente para formular três conclusões:

a. Estamos falando sobre áreas de verdadeiro conhecimento, não apenas áreas em que precisamos de dados. O que realmente precisamos é de teoria e pensamento conceitual.

b. O conhecimento de que precisamos é o novo conhecimento, que não será encontrado nas disciplinas tradicionais de negócios, como contabilidade ou economia, nem na física ou na biologia. As disciplinas existentes podem nos ajudar bastante, claro, principalmente no que se refere a ferramentas e técnicas. E devemos aproveitar tudo o que pudermos. Mas o conhecimento de que precisamos é diferente e específico. Não diz respeito ao universo da física, da biologia ou da psicologia, apesar de permeá-lo. Diz respeito a uma instituição específica, a empresa, uma instituição social que tem em vista valores humanos. O que é "conhecimento" em relação a essa instituição – nem entremos no mérito do que é "científico" – deve, portanto, ser determinado pela natureza, função e propósito dessa instituição específica (e bastante peculiar).

c. O empreendedor não tem o poder de decidir se quer assumir riscos de longo prazo ou não. Toda decisão pressupõe riscos de longo prazo. Seu único livre-arbítrio é se tomará decisões de maneira responsável ou irresponsável, com boa chance de eficiência e sucesso ou às cegas, contra a correnteza. Como o processo é, em essência, um processo racional, e como a eficácia das decisões empresariais depende da compreensão e do esforço voluntário dos outros, o processo será mais responsável e terá mais chance de ser eficaz se for racional, organizado e baseado em conhecimento.

Planejamento de longo prazo é tomada de decisão com risco. Como tal, é responsabilidade do elaborador de políticas, não importa se o chamamos de empresário ou administrador. Realizar o trabalho de modo racional e sistemático não muda isso. O planejamento de longo prazo não "substitui o julgamento por fatos", não "substitui o administrador pela ciência" nem diminui a importância e o papel da capacidade, coragem, experiência, intuição ou até mesmo palpite da gerência – assim como a biologia científica e a medicina sistemática não diminuíram a importância desses atributos nos médicos. Ao contrário, a sistematização do trabalho de planejamento e o conhecimento dedicado a isso devem efetivar as qualidades gerenciais individuais de personalidade e visão.

Por outro lado, o planejamento de longo prazo oferece grande oportunidade e representa enorme desafio para a ciência da administração e para os cientistas da administração.* Precisamos de um estudo sistemático do processo em si e de cada um de seus elementos. Precisamos de um trabalho sistemático numa série de áreas importantes do novo conhecimento – precisamos, ao menos, saber o suficiente para organizar nossa ignorância.

Ao mesmo tempo, o planejamento de longo prazo é uma área crucial, pois trata de decisões que, em última análise, determinam o caráter e a sobrevivência das empresas.

Por enquanto, verdade seja dita, a ciência da administração não fez grandes contribuições para o planejamento de longo prazo. Às vezes, chego a me perguntar se aqueles que se intitulam cientistas da administração sabem dos riscos envolvidos nas atividades econômicas e do trabalho empresarial resultante de planejamento de longo prazo. De qualquer maneira, daqui a algum tempo, a ciência da administração e os cientistas da administração deverão ser julgados, com razão, por sua capacidade de fornecer o conhecimento e o modo de pensar necessários para tornar viável, simples e eficaz, o planejamento de longo prazo.

---

* Gostaria de declarar que não acredito que o mundo seja dividido entre "administradores" e "cientistas da administração". Uma pessoa pode ser as duas coisas. Evidentemente, os cientistas da administração devem entender o trabalho do administrador e vice-versa, mas conceitualmente e como tipo de trabalho os dois são diferentes.

CAPÍTULO 9

Objetivos empresariais e necessidades de sobrevivência*

A BIBLIOGRAFIA SOBRE ADMINISTRAÇÃO EMPRESARIAL, restrita a alguns poucos livros do tipo "como fazer" há apenas 50 anos, cresceu absurdamente, mais do que nossa capacidade de catalogá-la. O treinamento para os negócios tornou-se o maior campo da área de educação profissional em nosso país e está expandindo-se rapidamente em todos os países do mundo livre. Criou também, no treinamento avançado para executivos experientes, maduros e bem-sucedidos – talvez pela primeira vez de modo sistemático na Universidade de Chicago – o único conceito educacional realmente novo em 150 anos.

No entanto, até hoje, temos pouco material que sirva como "disciplina", como corpo de conhecimento organizado e sistemático, com teoria própria, conceitos próprios e metodologia de hipótese, análise e verificação.

A necessidade de uma teoria do comportamento empresarial

A falta de uma teoria adequada do comportamento empresarial não é apenas uma preocupação acadêmica. Ao contrário, está por trás de quatro problemas básicos das empresas e da sociedade capitalista.

---

* Publicado originalmente no *The Journal of Business* da Universidade de Chicago, em abril de 1958.

1. Um problema óbvio é a incapacidade dos leigos de compreender as organizações e os comportamentos empresariais dos dias de hoje. O que acontece, e por que motivo, "lá em cima" ou "no décimo quarto andar" de uma grande empresa – a instituição econômica central e uma das principais instituições sociais da sociedade industrial moderna – é um mistério tão grande para alguém de fora como a prestidigitação de um mágico para uma criança. E "alguém de fora" refere-se não só àquelas pessoas realmente estranhas à empresa, mas aos funcionários, acionistas, profissionais treinados – engenheiros e químicos, por exemplo –, além de muitos gerentes: supervisores, executivos juniores e gerentes funcionais. Eles podem aceitar as decisões da alta administração, mas aceitam na base da confiança, não pelo uso da razão e compreensão. Tal compreensão, porém, é necessária para o sucesso das empresas e para a sobrevivência da sociedade industrial e do sistema capitalista.

    Uma das verdadeiras ameaças a isso é a resistência quase universal ao lucro num sistema desses, a crença generalizada (mas totalmente falaciosa) de que o socialismo – ou qualquer outro "ismo" – pode operar uma economia industrial sem a comissão ilegal do lucro e a preocupação geral de que o lucro seja alto demais. Pouca gente entende que o perigo numa economia industrial dinâmica é que o lucro seja baixo demais, dando lugar a riscos de inovação, crescimento e expansão – e que, aliás, pode não haver lucros, mas apenas provisão para os custos do futuro. Essa ignorância resistiu a todas as investidas na educação. Essa resistência aos lucros mostrou-se impérvia a todas as propagandas e apelos, inclusive às propostas de participação nos lucros.

    A única coisa capaz de gerar compreensão a respeito da função essencial do lucro numa economia industrial crescente e de riscos é o entendimento das organizações empresariais. E isso, para quem não tem experiência pessoal e imediata na gerência geral de uma empresa, só pode acontecer por meio de um "modelo" geral de organização empresarial, isto é, a teoria geral de uma disciplina sistemática.

2. O segundo problema é a falta de uma ponte de entendimento entre os aspectos macroeconômicos de uma economia e os aspectos microeconômicos do principal protagonista dessa economia – a organização

empresarial. O único conceito microeconômico que pode ser encontrado na teoria econômica de hoje é o da "maximização de lucros". Para fazê-lo enquadrar-se no verdadeiro comportamento das empresas atuais, contudo, os economistas tiveram de adaptá-lo, ampliá-lo e qualificá-lo até ele perder todo o sentido e a razão, tornando-se algo complexo como os "epiciclos" dos astrônomos pré-copernicanos, que viam o universo de modo geocêntrico. A maximização de lucros pode significar receita imediata ou rentabilidade de longo prazo proveniente de recursos geradores de riquezas; talvez tenha de ser qualificada por um grande número de fatores imprevisíveis como manobras gerenciais de poder, pressões sindicais, tecnologia etc.; e mesmo assim não explica o comportamento das empresas numa economia emergente. Não permite que o economista preveja mais a reação empresarial frente às políticas públicas. Para o elaborador de políticas do governo, as reações empresariais são tão ilógicas quanto as políticas governamentais para os empresários.

Na sociedade industrial moderna, porém, devemos ser capazes de "traduzir" facilmente as políticas públicas em comportamento e vice-versa. O elaborador de políticas deve ser capaz de avaliar o impacto das políticas públicas no comportamento empresarial e os empresários – principalmente em grandes empresas – devem ser capazes de avaliar o impacto de suas decisões e ações na macroeconomia. O conceito de maximização de lucros não nos permite nenhuma das duas coisas, basicamente porque ignora o verdadeiro papel do lucro.

3. A terceira área em que a falta de uma verdadeira teoria do comportamento empresarial gera grandes problemas é a da integração interna das organizações. A bibliografia de administração está repleta de discussões a respeito do "problema do especialista", que enxerga somente sua própria área funcional, ou do "problema do cientista nos negócios", que se sente mal por ter de subordinar seu conhecimento a fins empresariais. No entanto, estamos nos tornando cada vez mais especializados, empregando cada vez mais profissionais capacitados. Cada um deve se dedicar à sua especialidade, mas compartilhar uma visão e metas comuns a todos, além de se empenhar voluntariamente

num esforço conjunto. Fazer isso acontecer é o trabalho mais desafiador da administração – sobretudo nas grandes empresas –, e não conheço ninguém que afirme ser capaz de tal façanha.

Vinte anos atrás, ainda era possível ver as empresas como uma junção mecânica de "funções". Hoje, quando falamos de empresas, sabemos que essas funções não existem. Existem apenas os lucros, os riscos, os produtos, os investimentos e os clientes. As funções são irrelevantes em qualquer um desses casos. E, no entanto, é igualmente óbvio, se olharmos para o mundo empresarial, que o trabalho tem de ser realizado por pessoas especializadas, porque ninguém é capaz de saber tudo a respeito de uma função – e as grandes funções de hoje estão crescendo numa velocidade exorbitante. Muita gente boa agora precisa ser boa e funcional, e em algumas áreas isso é pedir demais. Como converter, então, o conhecimento e a contribuição funcional em direção e resultados gerais? A capacidade das grandes empresas – mas também de muitas pequenas empresas – de sobreviver depende de nossa capacidade de solucionar esse problema.

4. O problema final – também um sintoma da falta e da necessidade de disciplina – é, evidentemente, a própria postura do homem de negócios em relação à teoria. Quando ele diz "isso é teórico", de modo geral ainda quer dizer "isso é irrelevante". Independentemente do que achamos – se a administração de uma organização empresarial poderia ou deveria ser uma ciência (e nossa resposta a essa pergunta depende basicamente de como definimos o termo "ciência") –, precisamos ser capazes de considerar a teoria como a base da boa prática. Não teríamos médicos modernos se a medicina (não sendo uma ciência no sentido estrito da palavra) não considerasse a biologia e suas teorias como a base da boa prática. Sem essa base numa organização empresarial, não temos como afirmar nada com segurança e, portanto, não temos como prever o resultado de nossas ações e decisões, limitando-nos apenas à visão retrospectiva e à experiência – quando já é tarde demais para fazer alguma coisa. Tudo o que teríamos na hora de tomar uma decisão seriam palpites, esperanças e opiniões, e, considerando a dependência

da sociedade moderna em relação às organizações empresariais e ao impacto das decisões gerenciais, isso não basta.

Sem teoria também não teríamos como ensinar ou aprender, muito menos trabalhar sistematicamente no aprimoramento de nosso conhecimento e nosso desempenho enquanto administradores de empresa. No entanto, a necessidade de administradores e de constante aprimoramento do conhecimento e do desempenho é tão grande – em termos quantitativos e qualitativos – que não podemos depender da "seleção natural" de um pequeno grupo de gênios.

A necessidade de uma disciplina sistemática em relação às organizações empresariais é particularmente premente nos países subdesenvolvidos do mundo. Sua capacidade de desenvolvimento dependerá, acima de tudo, de sua capacidade de desenvolver homens capazes de gerir uma organização empresarial, isto é, da disponibilidade de uma disciplina que possa ser ensinada e aprendida. Se a única coisa disponível é o desenvolvimento pela experiência, os trabalhadores serão quase inevitavelmente obrigados a desenvolver alguma forma de coletivismo. Porque, por mais desperdício que o coletivismo gere em termos de recursos econômicos, por mais destrutivo que seja em termos de liberdade, dignidade e felicidade humana, ele poupa os recursos gerenciais por meio da concentração das decisões empresariais e administrativas nas mãos de uns poucos planejadores em cargos elevados.

Quais são as necessidades de sobrevivência das organizações empresariais?

Ainda estamos muito longe de uma verdadeira "disciplina" de organização empresarial, mas já vemos emergir uma base de conhecimento e compreensão em algumas de nossas grandes empresas e universidades. Em alguns lugares, o ponto de partida é a economia, em outros, o marketing, o processo administrativo ou as novas metodologias, como pesquisa operacional e de sistemas ou planejamento de longo prazo. O fato é que todas essas abordagens, independentemente do ponto de partida ou da terminologia, começam com uma pergunta: Quais são as necessidades de sobrevivência das organizações empresariais? Em outras palavras: o que as empresas precisam ser, fazer e realizar para existir? Para cada uma dessas necessidades tem de haver um objetivo.

Pode-se dizer que essa abordagem remonta ao trabalho pioneiro sobre objetivos empresariais realizado na Bell Telephone System sob a presidência de Theodore Vail há 40 anos. Aquela foi a primeira vez que a administração de uma grande organização empresarial recusou-se a aceitar a velha máxima "O objetivo das empresas é gerar lucros" e perguntou: "De que depende nossa sobrevivência como empresa privada?" A eficácia prática da abordagem aparentemente tão óbvia e simples se comprova pela sobrevivência, inigualável em países desenvolvidos, das empresas de telecomunicações privadas dos Estados Unidos e Canadá. Um dos principais motivos para isso foi certamente o "objetivo de sobrevivência" que Vail estabeleceu para a Bell System: "A satisfação pública em relação ao nosso serviço." No entanto, ainda que comprovado pela prática, esse caso continuou sendo, até pouco tempo atrás, um exemplo isolado. E provavelmente tinha de ser assim, até os biólogos desenvolverem, na última geração, uma abordagem à compreensão dos sistemas, definindo "funções de sobrevivência essenciais".

Os "objetivos de sobrevivência" são fatores gerais. Devem ser os mesmos em qualquer empresa. Entretanto, também são específicos. Diferentes desempenhos e diferentes resultados serão necessários para cada objetivo em cada empresa. Além disso, as empresas precisarão encontrar um equilíbrio próprio entre os objetivos, dependendo do momento.

O conceito de objetivos de sobrevivência, portanto, atende ao primeiro pré-requisito de uma verdadeira teoria: ser formal e concretamente aplicável, ou seja, prática. Os objetivos de sobrevivência também são objetivos quanto à sua natureza e às condições específicas de determinada situação. Não dependem de opiniões ou palpites. No entanto – e isso é fundamental –, não "determinam" as decisões empresariais ou gerenciais. Não são (como grande parte da economia tradicional ou da ciência comportamental contemporânea) uma tentativa de substituir decisões de risco e julgamento responsável por fórmulas. Ao contrário, representam um meio de estabelecer a base para as decisões e os julgamentos, a fim de viabilizar a missão específica do empreendedor e do administrador e torná-la compreensível.

Chegamos ao ponto em que conhecemos as "funções" de uma organização empresarial – usamos função aqui da mesma forma que os biólogos falam da procriação como uma função essencial para a perpetuação das espécies.

Existem *cinco funções de sobrevivência* nas organizações empresariais. Juntas, elas definem as áreas em que cada empresa, para sobreviver, precisa alcançar um padrão de desempenho e gerar resultados acima de um nível mínimo. Representam também as áreas influenciadas pelas decisões empresariais, o que, por sua vez, influencia os resultados da empresa. Essas cinco áreas de objetivos de sobrevivência descrevem (operacionalmente), portanto, a natureza das organizações empresariais.

1. A empresa precisa, primeiro, de *um grupo de seres humanos em torno de um desempenho comum* e que seja capaz de se perpetuar.

    Não estamos falando de um agrupamento de tijolos e cimento, mas de pessoas. Essas pessoas devem trabalhar como indivíduos, e de nenhuma outra forma. No entanto, devem dedicar-se voluntariamente a um resultado comum e, portanto, devem organizar-se em torno de um desempenho conjunto. O primeiro requisito de uma empresa, então, é que haja uma organização realmente humana.

    As empresas, todavia, também devem ser capazes de perpetuar-se como organização humana, nem que seja só porque as decisões que tomamos diariamente, na posição de gerentes, levam mais tempo para dar resultados do que o tempo que Deus nos deu. Não tomamos apenas uma única decisão. Quantas decisões gerenciais levarão 20 anos para desaparecer, a menos que sejam decisões totalmente descabidas? A maior parte das decisões que tomamos leva cinco anos até começar a ter algum impacto. Esse é o curto prazo de uma decisão. Depois, as decisões levam 10 ou 15 anos (no mínimo) até deixarem de ter efeito e perderem o sentido.

    Isso significa que as empresas, como organização humana, precisam ser capazes de se perpetuar, de sobreviver pelo tempo de vida de um ser humano.

2. O segundo objetivo de sobrevivência resulta do fato de que as empresas existem dentro de um contexto *social e econômico*. Nas escolas de

negócios e na visão empresarial, partimos sempre do princípio de que as empresas existem isoladamente, no vácuo. Olhamos para elas de dentro. No entanto, as organizações empresariais são crias da sociedade e da economia. Sabemos que a sociedade e/ou a economia podem fazer uma empresa desaparecer da noite para o dia – simples assim. As empresas existem com base na tolerância e somente enquanto a sociedade e a economia acreditarem que elas estão fazendo um trabalho necessário, útil e produtivo.

Não estou falando aqui de relações públicas. As relações públicas são apenas um meio. Não estou falando de algo relacionado somente aos gigantes. E não estou falando de socialismo. Mesmo se o sistema capitalista sobreviver, as empresas e indústrias individuais desse sistema podem ser – como já foram várias vezes – limitadas, penalizadas ou até eliminadas de maneira muito rápida por ações sociais ou políticas, como impostos ou zoneamentos, posturas municipais ou regulamentos federais etc. A previsão do clima social e da economia política, por um lado, e o comportamento organizado para criar o que as empresas precisam para sobreviver em relação a isso são, portanto, as verdadeiras necessidades de sobrevivência empresarial. Essas necessidades devem ser consideradas a cada ação e decisão das empresas.

Do mesmo modo, as empresas são crias da economia e estão à mercê de suas mudanças – em termos de população, renda, estilos de vida, padrões de gastos, expectativas e valores. Aqui, mais uma vez, é a necessidade de objetivos que se prenuncia para permitir que as empresas se adaptem, visando, ao mesmo tempo, criar condições mais favoráveis.

3. Depois, evidentemente, existe a questão do propósito específico das empresas, de sua contribuição. O propósito certamente é *fornecer um produto ou serviço econômico*. Esse é o único motivo pelo qual uma empresa existe. Não teríamos de tolerar essa instituição complexa, difícil e controversa se tivéssemos encontrado uma forma melhor de fornecer bens e serviços econômicos de modo produtivo, econômico e eficiente. Portanto, até onde sabemos, não existe forma melhor. Mas essa é sua única justificativa, seu único propósito.

4. Há outra característica em relação ao propósito que eu chamaria de "natureza da fera", ou seja, que tudo isso acontece numa economia e com uma tecnologia *em constante transformação*. Aliás, as organizações empresariais são as primeiras instituições criadas para produzir mudanças. Todas as instituições humanas desde o início da pré-história ou antes sempre evitaram as mudanças – todas: família, governo, igreja, forças armadas. A mudança sempre representou uma ameaça catastrófica à segurança humana. Mas as organizações empresariais são instituições criadas para gerar mudança. Isso é novidade. Casualmente, também é um dos principais motivos de sua complexidade e dificuldade.

    Significa não só que as empresas devem ser capazes de se adaptar às mudanças – o que não é nada de novo –, mas que toda empresa, para sobreviver, precisa *inovar*. A inovação, isto é, uma medida deliberada e organizada para criar algo novo, tem importância na área social – os caminhos, os métodos e a estruturação das empresas, o marketing e o mercado, a administração financeira e a administração de pessoal etc. – e na área tecnológica de produto e processo.

    Em nosso país, os gastos com pesquisa industrial subiram de um valor irrisório – 0,1% da renda nacional – para 1,5% ou 2% em menos de 30 anos. A maior parte desse aumento aconteceu nos últimos 10 anos. Isso significa que o impacto em termos de grandes mudanças tecnológicas ainda está por vir. A velocidade das mudanças em relação à inovação não tecnológica – por exemplo, em canais de distribuição – também tem sido grande. No entanto, quase nenhuma empresa está preparada para se adaptar às mudanças, e pouquíssimas estão voltadas para a inovação – geralmente em áreas tecnológicas. Eis, portanto, uma grande necessidade de uma teoria válida para as organizações empresariais, mas também uma grande oportunidade de contribuição.

5. Por fim, há um requisito de sobrevivência fundamental, o da *rentabilidade*, pelo simples motivo de que tudo o que disse até agora significa *risco*. Tudo o que eu disse até agora significa que o propósito, a natureza e a necessidade dessa instituição é assumir riscos, criar riscos. *E*

os riscos são verdadeiros custos, como qualquer outro custo que os contadores podem apontar. A única diferença é que, enquanto o futuro não se torna passado, não sabemos o tamanho desse custo, mas que são custos, não há dúvida. Se não estivermos preparados para custos, destruiremos capital. Se não estivermos preparados para perdas, que é outra forma de chamar os custos futuros, destruiremos riqueza. Se não estivermos preparados para riscos, destruiremos capacidade produtiva. Portanto, uma lucratividade mínima, adequada aos riscos que assumimos e criamos, é condição fundamental para a sobrevivência não só das empresas, mas da sociedade em geral.

Isso nos diz três coisas. Primeiro, a necessidade de lucratividade é objetiva. Faz parte da natureza das organizações empresariais e, portanto, independe de motivos pessoais ou da estrutura do "sistema". Mesmo arcanjos (seres que, por definição, não têm nenhum interesse em lucro), se tivessem de administrar empresas, teriam de buscar lucros e analisar a lucratividade com o mesmo entusiasmo, a mesma frequência, a mesma fidelidade, a mesma responsabilidade que os vendedores mais gananciosos do mundo ou o comissário mais convencidamente marxista da Rússia.

Segundo, o lucro não é "a parte do empresário" e a "recompensa" a um "fator de produção". Não está no mesmo nível que as outras "partes", como a da mão de obra, por exemplo, mas acima delas. Não é uma reivindicação *contra* as empresas, mas a reivindicação *das* empresas – sem a qual as empresas não têm como sobreviver. A definição de como os lucros serão distribuídos e para quem é crucial do ponto de vista político, mas para a compreensão das necessidades e comportamento de uma empresa é quase irrelevante.

Por fim, o conceito de "maximização de lucros" é equivocado, seja como lucros de curto prazo, lucros de longo prazo ou um equilíbrio entre os dois. A pergunta que importa é "Qual o mínimo de que a empresa precisa?", e não "Qual o máximo que podemos ganhar?". Esse "valor mínimo de sobrevivência", casualmente, acaba superando o máximo em muitos casos. Pelo menos, essa foi a experiência que tive na maioria das empresas em que se procurou conscientemente refletir sobre os riscos do negócio.

Aqui temos cinco dimensões, e cada uma dessas dimensões é uma verdadeira visão da organização empresarial como um todo. Estamos falando de organizações humanas e podemos enxergá-las somente desse modo, conforme nossa bibliografia sobre o assunto. Poderíamos considerá-las no contexto da sociedade e da economia, que é o que os economistas fazem. É uma visão válida, mas parcial. Podemos também olhar para as empresas do ponto de vista apenas de produtos e serviços. Inovação e mudança estão em outra dimensão, e lucratividade também. Todos são aspectos do mesmo elemento, mas só com os cinco na nossa frente é que teremos uma teoria das organizações empresariais sobre a qual fundamentar a prática.

Administrar uma organização empresarial significa tomar decisões, e cada decisão depende das necessidades e oportunidades de cada uma dessas cinco áreas, influenciando, desse modo, o desempenho e os resultados de cada área.

O trabalho a ser realizado

A primeira conclusão a respeito do tema é que toda empresa precisa de objetivos – explícitos ou não – em cada uma dessas cinco áreas, pois um mau funcionamento em qualquer uma das áreas compromete toda a empresa. E um fracasso em uma área destrói a empresa inteira – não importa que ela tenha um ótimo desempenho nas outras quatro áreas. Ainda assim, essas áreas não são interdependentes, mas autônomas.

1. Eis, então, a primeira missão de uma disciplina empresarial: *desenvolver conceitos claros e mensurações práticas para estabelecer objetivos e medir o desempenho em cada uma dessas cinco áreas.*

    O trabalho, sem dúvida, é bastante árduo – e longo. Por enquanto, não temos como definir objetivos em nenhuma área, muito menos medir resultados. Mesmo no que se refere à lucratividade, estamos diante – apesar dos grandes avanços recentes da economia gerencial – de números do passado, não mensurações que correlacionam a lucratividade atual ou esperada aos futuros riscos e necessidades específicas. Nas outras áreas, não temos nem isso. E em algumas – a eficácia da organização humana, a posição pública na economia e na sociedade ou a área da inovação –, talvez tenhamos que nos contentar, por muito tempo ainda ou possivelmente para sempre, com avaliações qualitativas para fazer algum julgamento. Até isso já seria um enorme progresso.

2. Uma segunda conclusão não é menos importante: *nenhum objetivo isolado pode ser considerado "o" objetivo da empresa; nenhum parâmetro isolado pode ser considerado "a" medida do desempenho, futuro e resultados da empresa; nenhuma área isolada pode ser considerada "a" área mais importante.*

    Aliás, a simplificação mais perigosa de uma organização empresarial é a de considerar "um único parâmetro", seja retorno sobre investimento, posição no mercado, liderança de produtos etc. Na melhor das hipóteses, esse parâmetro mede o desempenho de uma área de sobrevivência. Mas o mau funcionamento ou o fracasso de qualquer área não é contrabalançado pelo sucesso de outra, assim como um sistema respiratório ou circulatório saudável não salvará um animal se o seu sistema digestivo ou nervoso parar de funcionar. O sucesso empresarial, como o fracasso, é *multidimensional*.

3. Isso, contudo, revela outra necessidade importante: uma abordagem racional e sistemática em relação à *seleção de objetivos e equilíbrio entre eles* de modo a promover a sobrevivência e o crescimento da empresa. Podemos chamar esse ponto de "ética" da organização empresarial, na medida em que ética é a disciplina que trata de escolhas de valor racionais dentre os possíveis meios para atingir determinado fim. Pode ser também a "estratégia" da empresa. A ética e a estratégia não têm como ser determinadas de forma absoluta nem podem ser totalmente arbitrárias. Precisamos de uma disciplina que englobe tanto a decisão "típica" de adaptação às circunstâncias e consideração das médias da probabilidade estatística quanto a "exclusividade" inovadora da visão e coragem empresarial, rompendo com normas e precedentes e criando novas tendências – e já existem indícios da existência dessa disciplina

no meio empresarial. Uma disciplina como essa, porém, não tem como ser mais do que a teoria da composição é para o compositor musical ou a teoria da estratégia é para o líder militar: uma garantia contra descuidos, uma avaliação de riscos e, acima de tudo, um estímulo à independência e inovação.

Quase por definição, as demandas dos diferentes objetivos de sobrevivência puxam em diferentes direções, pelo menos durante um período determinado. E é um axioma o fato de que os recursos das empresas ou países mais ricos do mundo nunca atendam a todas as demandas de todas as áreas. Nunca existe o suficiente para não haver alocação. A alta lucratividade, desse modo, só pode ser alcançada assumindo riscos quanto à posição de mercado, liderança de produtos ou à organização humana de amanhã, e vice-versa. Quais desses riscos a empresa pode assumir, quais não pode e quais não deve deixar de assumir? Essas decisões de valor referentes a riscos, entre as metas de uma área e as metas de outras áreas e entre as metas de uma área hoje e as metas de outras áreas amanhã, cabem especificamente ao empreendedor. Essas decisões em si representam "julgamento", isto é, uma questão de valores humanos, avaliação da situação, ponderação das alternativas e equilíbrio de riscos. Mas a compreensão dos objetivos de sobrevivência e seus requisitos pode dar uma base racional para as decisões em si e representar um critério lógico para a análise e avaliação do desempenho empresarial.

Uma visão operacional do processo orçamentário

A conclusão final é que precisamos de uma nova abordagem quanto ao processo de tomar decisões de valor entre áreas de objetivos diferentes – o processo orçamentário. Precisamos, em especial, de uma verdadeira compreensão daquela parte do orçamento que trata das despesas relacionadas a essas decisões, isto é, os gastos "administrados" e "de capital".

De modo geral, o orçamento hoje em dia é concebido como um processo financeiro. No entanto, somente a notação é financeira. As decisões são empresariais. Os gastos administrados e de capital são considerados elementos distintos, mas a diferença é uma ilusão contábil (e tributária). Os dois tipos de gasto comprometem recursos escassos em um futuro incerto; os dois são, economicamente falando, gastos de capital; e ambos devem expressar as mesmas decisões básicas sobre objetivos de sobrevivência para serem viáveis. Atualmente, a maior parte de nossa atenção quanto ao orçamento operacional está voltada, em regra, para outras despesas além das administradas, principalmente a despesas variáveis, pois foi aí que grande parte do dinheiro foi gasta ao longo da história. No entanto, independentemente do valor, as decisões quanto às despesas administradas que determinarão o futuro da empresa estão em nossas mãos.

Aliás, temos pouco controle sobre o que os contadores chamam de despesas variáveis – as despesas relacionadas diretamente com as unidades de produção e que são definidas por certa forma de realizar as coisas. Podemos mudá-las, mas não tão rápido. Podemos modificar a relação entre as unidades de produção e os custos de mão de obra (que, ironicamente, ainda consideramos como despesa variável, apesar dos benefícios adicionais), mas durante um período essas despesas só podem ser mantidas dentro de uma norma, sem alterações. Evidentemente, isso vale mais ainda para o caso das despesas relacionadas às decisões do passado, nossos custos fixos. Não temos como desfazê-los, sejam eles gastos de capital, impostos etc. Esses custos estão além do nosso controle.

No meio, contudo, estão as despesas para o futuro, que refletem nossas escolhas de valor quanto a riscos: as despesas de capital e as despesas administradas. São gastos com instalações e equipamento, pesquisa e comercialização, desenvolvimento de produtos e de pessoas, administração e organização. Esse orçamento referente às despesas administradas é a área em que realmente tomamos nossas decisões a respeito de nossos objetivos. (É por isso que rejeito tanto os índices contábeis nessa área, porque sua função é substituir a criação de um futuro próspero pela história de um passado morto.)

Tomamos decisões nesse processo em dois aspectos. Primeiro, com que objetivo alocamos as pessoas? Porque o dinheiro no orçamento, na verdade, são pessoas. De que forma alocamos pessoas, energia e esforços? Com que objetivo? Temos de fazer escolhas, pois não podemos fazer tudo.

Segundo, qual a escala de tempo? Em outras palavras, como *equilibrar* gastos de esforços permanentes de longo prazo com as decisões de impacto imediato? Um mostra os resultados apenas num futuro remoto, quando muito. O desenvolvimento de pessoas (um trabalho que dura 15 anos), cuja eficácia não foi testada e é imensurável, constitui, por exemplo, uma decisão de longo prazo. O outro pode mostrar resultados imediatamente. Ignorar o primeiro, contudo, pode, a longo prazo, debilitar a empresa. Entretanto, existem algumas verdadeiras necessidades de curto prazo que precisam ser atendidas, tanto no presente quanto no futuro.

Enquanto não compreendermos claramente os objetivos básicos de sobrevivência e alguns parâmetros para as decisões e escolhas de cada área, o processo orçamentário não será um exercício racional de julgamento responsável. Conservará parte do caráter palpiteiro de hoje. Mas nossa experiência tem nos mostrado que o conceito de objetivos de sobrevivência por si só pode melhorar bastante a qualidade e a eficiência do processo e acentuar a compreensão do que está sendo decidido. Aliás, esse conceito constitui uma ferramenta muito eficaz para a integração do trabalho funcional e o trabalho especializado, e principalmente para a criação de um entendimento comum e mensurações conjuntas de contribuição e desempenho ao longo de toda a organização.

A abordagem de uma disciplina de organização empresarial por meio da análise dos objetivos de sobrevivência da empresa ainda é muito nova e incipiente. No entanto, já está demonstrando ser um conceito unificador, porque é a primeira teoria *geral* das organizações empresariais que temos até agora. Ainda não é uma teoria muito refinada, muito elegante nem muito *precisa*. Qualquer físico ou matemático diria: isso não é uma teoria, é apenas retórica. Mas pelo menos, mesmo que apenas de modo retórico, estamos falando sobre algo real. Pela primeira vez não estamos mais num contexto em que a teoria é irrelevante ou até mesmo um entrave, e em que a prática não pode ter um fundo teórico, isto é, não pode ser ensinada, aprendida e transmitida.

Essa deve ser, portanto, uma das áreas de maior avanço. Daqui a 20 anos talvez tenha se tornado o conceito *central* em torno do qual poderemos organizar a mistura de conhecimento, ignorância, experiência, preconceitos, insights e habilidades que chamamos de "administração" atualmente.

CAPÍTULO 10

O administrador e a máquina ignorante*

OS COMPUTADORES, APESAR DE TODA A ANIMAÇÃO que têm gerado, ainda não são importantes do ponto de vista econômico. Só agora, que a IBM está lançando mil computadores por mês, é que eles estão começando a ter um impacto, mas ainda não usamos todo o seu potencial. Por enquanto, usamos os computadores apenas para serviços administrativos, que são irrelevantes por definição. Temos de admitir que o advento do computador criou algo inédito na história – trabalhos remunerados para matemáticos, o que não representa uma grande contribuição econômica, não importa o que diga o decano.

O impacto econômico das novas tecnologias está no futuro. Se as subtraíssemos da economia civil, mal notaríamos sua ausência em termos de números – talvez houvesse uma variação de um ou dois pontos percentuais.

Essa situação de movimento linear, contudo, está gerando grandes mudanças, e a maior delas é uma mudança que os economistas, analisando somente números, jamais perceberiam: nos últimos 20 anos, criamos uma forma de capital totalmente nova, um novo recurso chamado conhecimento.

---

* Publicado originalmente no *The McKinsey Quarterly*, primeiro semestre de 1967.

Até 1900, qualquer sociedade teria sobrevivido da mesma forma sem trabalhadores do conhecimento. É verdade que precisamos de advogados para defender criminosos, e médicos para emitir atestados de óbito, mas os criminosos também teriam se virado bem sem os advogados, e os pacientes, sem os médicos. Precisamos de professores para ensinar outros detalhes referentes à sociedade, mas grande parte do que se ensinava não passava de enfeite. O mundo se orgulhava dos homens de conhecimento, mas não precisava deles para seguir mantendo a sociedade.

Em meados da década de 1940, a General Motors ocultou cuidadosamente o fato de que um de seus três maiores executivos, Albert Bradley, era PhD. Omitiu, inclusive, sua formação universitária porque, obviamente, um homem respeitável começava a trabalhar como copeiro aos 14 anos. Era constrangedor ter um PhD por perto.

Hoje em dia, as empresas se gabam de ter PhDs em sua folha de pagamento. O conhecimento tornou-se nosso recurso de capital – caríssimo, por sinal. Um homem formado numa boa escola de negócios representa cerca de $100 mil em termos de investimento social, sem contar o que seus pais gastaram com ele e os custos de oportunidade. Seus avós e bisavós começaram a trabalhar aos 12 ou 13 anos de idade na enxada para que ele pudesse deixar de contribuir para a sociedade durante 10 anos – e isso é um enorme investimento de capital.

Além de gastar todo esse dinheiro, estamos fazendo algo bastante revolucionário: estamos aplicando o conhecimento ao trabalho. Há aproximadamente sete mil anos, teve lugar a primeira grande revolução humana, quando nossos ancestrais aplicaram as habilidades manuais ao trabalho pela primeira vez. A destreza não substituía a força. O trabalho mais especializado geralmente exigia grande força física. Nenhum escavador trabalha mais duro do que um cirurgião numa cirurgia complexa. Ao contrário, nossos ancestrais colocavam a especialização acima do trabalho físico. E agora – numa segunda revolução –, colocamos o conhecimento acima dos dois, não como substituto da especialização, mas como uma dimensão totalmente nova. A especialização em si já não resolve muita coisa.

Bem, isso tem duas ou três implicações na administração.

Primeiro, precisamos aprender a tornar o conhecimento produtivo. Até agora não sabemos. O custo dos trabalhadores do conhecimento já chega a mais da metade dos custos de mão de obra de quase todas as empresas que conheço, o que representa enorme investimento de capital em seres humanos. Apesar disso, a produtividade e as margens de lucro não parecem variar muito. Embora as empresas estejam pagando pelo trabalho com conhecimento técnico, não estão recebendo muito em troca. Se observarmos nossa forma de lidar com os trabalhadores do conhecimento, veremos que o motivo é óbvio: não sabemos como lidar com eles.

Uma das poucas coisas que sabemos é que, para cada trabalhador do conhecimento, até mesmo para o arquivista, existem duas leis. A primeira é que o conhecimento não serve de nada se não for utilizado e ampliado. No caso de trabalhos que dependem de destreza manual, o sujeito enferruja, mas pode se recuperar. No caso do conhecimento, não. Se o conhecimento não for constantemente aprimorado, desaparece. É infinitamente mais perecível do que qualquer outro recurso. A segunda lei é que a única motivação para o conhecimento é a realização. Quem já teve algum grande sucesso na vida passa a se sentir motivado. É uma experiência que nunca esquecemos. Sabemos, portanto, um pouco sobre como tornar o conhecimento produtivo.

A obsolescência da experiência

Outra implicação vem da criação desse novo recurso de conhecimento. A nova geração de gerentes – aqueles com 35 anos ou menos atualmente – é a primeira geração que pensa em colocar o conhecimento em prática antes de acumular uma ou duas décadas de experiência. Minha geração foi a geração perdida de gerentes que mediam seu valor com base apenas na experiência. Todos nós, inevitavelmente, administramos pela experiência – o que não é um processo adequado, pois a experiência não tem como ser testada ou ensinada. A experiência tem de ser vivida. Exceto no caso de um grande artista, a experiência não pode ser transmitida.

Isso significa que a nova geração e a minha geração se sentirão terrivelmente frustradas trabalhando juntas. As pessoas da nova geração esperam – com razão – que nós, os mais velhos e seus superiores, pratiquemos parte do que pregamos. Impossível. Pregamos sobre conhecimento, sistemas e ordem porque são coisas que nunca tivemos. Mas nos guiamos pela experiência, coisa que temos. Sentimo-nos frustrados e perdidos porque, após ter dedicado metade da nossa vida à busca de experiência, ainda não sabemos realmente o que estamos tentando fazer. Os jovens sempre têm razão, pois o tempo está do lado deles. Isso significa que *nós* é que precisamos mudar.

Tal constatação nos leva à terceira implicação, muito importante. Qualquer empresa que quiser ser líder terá de colocar pessoas jovens em cargos importantes – e logo. Pessoas mais velhas não têm condições de realizar esses trabalhos – não porque carecem da inteligência necessária, mas porque seus reflexos condicionados geram resultados negativos. Os jovens passam tanto tempo na faculdade que não têm como adquirir a experiência que considerávamos indispensável para os cargos mais importantes. E a estrutura etária da nossa população é tal que, nos próximos 20 anos, de qualquer maneira, precisaremos promover pessoas que teríamos julgado sem experiência suficiente há alguns anos. As empresas precisam aprender a parar de substituir o sujeito de 65 anos pelo camarada de 59. O caminho agora é procurar os bons trabalhadores de 35.

Por toda a sua importância, porém, o surgimento do conhecimento como um novo recurso de capital não é a mudança mais relevante em nosso meio, talvez somente porque ainda não tem um impacto visível em termos de números na economia mundial. A mudança mais nítida está na tecnologia.

Grande parte das antigas tecnologias, evidentemente, ainda se mantém bastante viva. Parece-me muito claro que a indústria automotiva, por exemplo, ainda esteja por experimentar seu maior período de crescimento. Nos países desenvolvidos, todavia, essa indústria assumiu uma posição defensiva. Não precisamos de muita imaginação para prever que um dia os carros particulares serão banidos das grandes áreas urbanas e o motor de combustão interna será limitado a estradas.

Consideremos a indústria siderúrgica. Creio que podemos predizer facilmente as mudanças tecnológicas que diminuirão o custo do aço em cerca de 40%. Se isso é suficiente para impulsionar a indústria é outra história. Acho que o aço precisará de uma vantagem de custo maior para voltar a ser o material universal que era. Uma vez que o aço, como todos os materiais utilizados para diversos fins, não é ideal para nenhum uso específico, ele precisa competir em preço. E, como sabemos, a indústria siderúrgica perdeu 20% dos mercados que tinha antes da Segunda Guerra Mundial. É concreto aqui, plástico acolá, e assim por diante. Se o aço perderá o mercado de carroceria automotiva para algum dos novos materiais compostos nos próximos 10 anos é uma questão a se discutir. Só um néscio diria que sim, mas, da mesma forma, só um néscio afirmaria que não. Se acontecer, dificilmente alguma redução de custo, mesmo de 40%, será suficiente para evitar que o aço se junte ao grande grupo dos motores de crescimento econômico do passado.

Na agricultura, a grande necessidade é de um avanço na produtividade – mas, repito, não nos países desenvolvidos. A população agrícola nos países desenvolvidos diminuiu tanto que, mesmo se triplicássemos sua produtividade, não faria muita diferença no cenário econômico geral.

E assim por diante. Não estou dizendo que as indústrias baseadas nas antigas tecnologias não têm como progredir, mas estou afirmando que elas dificilmente nos darão o impulso necessário para que continuemos em expansão. De agora em diante, creio eu, a expansão terá de ser alimentada pelas novas indústrias, que se baseiam em novas tecnologias – algo inédito desde antes da Primeira Guerra Mundial.

Entra em cena a utilidade do conhecimento

Uma das forças mais impactantes da nossa economia é a tecnologia da informação. Não estou falando apenas dos computadores. O computador está para a informação assim como a usina de força está para a eletricidade. A usina de força possibilita um monte de outras coisas, mas não é onde está o dinheiro. O dinheiro está nos artifícios, engenhocas, utensílios, motores e aparatos que se tornaram possíveis e necessários graças à eletricidade e não existiam antes.

A informação, assim como a eletricidade, é energia. Exatamente como a energia elétrica serve de energia para tarefas mecânicas, a informação serve de energia para tarefas mentais. O computador é a usina de força central, mas também existem as unidades de transmissão eletrônica – os satélites e afins. Temos mecanismos para transformar a energia, para converter a informação. Temos a capacidade de exibição da tela de televisão, a capacidade de traduzir aritmética em geometria, de converter números binários em curvas. Podemos passar do processamento de dados ao display de memória e de cada um deles a uma cópia impressa. Todas as peças do sistema de informações estão aqui. Do ponto de vista técnico, não há motivo para a Sears, Roebuck não oferecer amanhã, pelo preço de uma televisão, algum mecanismo de *plug-in* que nos conecte diretamente com todas as informações necessárias para o trabalho acadêmico, do maternal ao vestibular.

O princípio de compartilhamento de tempo já começou a se consolidar. Não é preciso ser vidente para enxergar que toda grande empresa deverá ter seu próprio computador daqui a 20 anos, assim como hoje em dia as empresas têm sua própria fábrica geradora de vapor. Os computadores se tornarão ferramentas de utilidade pública, e somente as organizações com necessidades realmente extraordinárias terão seu próprio sistema. As usinas siderúrgicas atualmente possuem seus próprios geradores porque precisam dessa quantidade de energia. Daqui a 20 anos, uma instituição equivalente a uma usina siderúrgica em termos de trabalho mental – o MIT, por exemplo – possivelmente terá seu próprio computador. Mas acredito que a maioria das outras universidades, por diversos motivos, se conectará com sistemas de compartilhamento de tempo.

Seria bobagem tentar predizer com detalhes as consequências de um desenvolvimento grande como esse. A única coisa que podemos prever é uma enorme mudança de contexto. Não temos como saber aonde essa mudança nos levará, nem quando, nem como. Uma mudança desse porte, além de satisfazer desejos existentes e substituir o que estamos fazendo agora, cria novos desejos e possibilita novas realizações.

Uma nova era da informação

O impacto da informação, contudo, deve ser maior do que o da eletricidade, por uma razão bastante simples: antes da eletricidade, tínhamos energia. Era cara e de difícil acesso, mas existia. Antes do momento atual, não tínhamos informação. A informação sempre foi inacreditavelmente cara, não confiável e desatualizada, a ponto de quase não ter valor. Quem trabalhava com informações no passado sabia, portanto, que precisava inventar suas próprias informações. Desenvolvíamos, com um pouco de sensibilidade, uma boa intuição em relação a quais invenções teriam credibilidade ou não. Mas não lidávamos com informações de verdade. Hoje em dia, pela primeira vez na história, as informações estão passando a se tornar disponíveis – e o impacto que exercerão na sociedade deverá ser enorme.

Sem tentar predizer a natureza e o momento preciso desse impacto, creio que podemos, tranquilamente, fazer algumas suposições.

Suposição 1: Nos próximos 10 anos, as informações serão muito mais baratas. Uma hora de computador hoje custa centenas de dólares. Já vi cálculos que estimam o custo de um dólar por hora em 1973. Talvez o custo não baixe tanto, mas certamente baixará.

Suposição 2: O atual desequilíbrio entre a capacidade de computar e armazenar informações e a capacidade de usá-las será remediado. Gastaremos cada vez mais dinheiro na produção de acessórios que tornem os computadores mais práticos – softwares, programas, terminais etc. Os clientes não se contentarão mais em ter o computador lá parado.

Suposição 3: O estágio do jardim de infância terminou. Já passamos da época em que todo mundo estava incrivelmente impressionado com a capacidade do computador de somar 2 mais 2 em frações de segundo. Já passamos também da fase de tentar encontrar uma utilidade para o computador enchendo-o de coisas inúteis – usando-o como um secretário caro. Na verdade, ninguém economizou um centavo sequer dessa maneira, até onde eu sei. O trabalho administrativo – a menos que seja um trabalho enorme, como lidar com sete milhões de exemplares da revista *Life* toda semana – não é um trabalho barato de se fazer no computador. E quem disse que o jardim de infância era barato?

Agora, podemos começar a usar o computador para o que ele deve ser usado – informações, controle dos processos de manufatura, controle de estoque, expedição de mercadorias e entregas. Não estou dizendo que não devemos usar o computador para preencher folhas de pagamento, mas o ponto não é esse. Se a única vantagem do computador fosse facilitar o preenchimento da folha de pagamento, não nos interessaria.

Gerenciando a máquina ignorante

Estamos começando a nos dar conta de que os computadores não tomam decisões, apenas executam ordens. Eles são totalmente ignorantes, e aí reside sua força, pois nos obrigam a pensar, a definir critérios. Quanto mais estúpida a ferramenta, mais inteligente o mestre tem de ser – e o computador é a ferramenta mais burra que já existiu. Tudo o que ele sabe fazer é dizer zero ou um, mas faz isso de maneira incrivelmente rápida, não se cansa e não cobra hora extra, ampliando nossa capacidade mais do que qualquer outra ferramenta de que temos notícia, por conta de todos os trabalhos não especializados que é capaz de realizar. Ao assumir esses trabalhos, nos permite refletir sobre o que estamos fazendo (na verdade, nos obriga).

Embora não tomem decisões, os computadores – se forem utilizados de maneira inteligente – aumentarão em muito a disponibilidade de informações e isso mudará radicalmente a estrutura organizacional das empresas – de todas as instituições, na realidade. Até agora, nosso método de organização baseia-se não na lógica do trabalho a ser realizado, mas na falta de informações. Níveis organizacionais inteiros existiram somente para servir de suporte em caso de colapso nos fluxos de informação que sempre achamos que estariam disponíveis. Hoje em dia, essas redundâncias já não são mais necessárias. Não podemos permitir que a estrutura organizacional de uma instituição seja dificultada pelo uso do computador. Se o computador não nos ajudar a simplificar nossas organizações, ele estará sendo mal utilizado.

Além de aumentar consideravelmente a disponibilidade de informações, o computador reduzirá o grande volume de dados com os quais os administradores têm de lidar. No momento, o computador é o grande obstáculo às informações gerenciais porque todo mundo o utiliza para produzir toneladas de papel. Segundo a psicologia, se existe uma forma de bloquear a percepção é inundar de estímulos os sentidos. É por isso que o gerente com milhares de folhas de computador em cima de sua mesa está totalmente desinformado. Por isso é tão importante explorar a capacidade do computador de nos fornecer *somente* as informações que queremos – e nada mais. A pergunta que devemos fazer não é "Quantos números posso conseguir?", mas "De que números preciso, de que forma, quando?". Devemos nos recusar a olhar qualquer outra coisa. Já não precisamos analisar números que não significam nada para nós, como um cigano que lê folhas de chá.

Ao contrário, precisamos nos ater a nossas necessidades de informação e descobrir como o computador poderá atender essas necessidades. Para isso, temos de entender nossos processos operacionais e os princípios por trás dos processos. Devemos utilizar nosso conhecimento e poder de análise para convertê-los em trabalho de praxe. Mesmo trabalhos geniais, se forem analisados e sistematizados, tornam-se rotina. A partir de então, um auxiliar de escritório poderá fazê-lo – ou um computador. Portanto, quando entendermos realmente o que estamos fazendo, poderemos definir nossas necessidades e programar o computador para atendê-las.

Além da barreira dos números

Devemos perceber, entretanto, que não temos como colocar no computador o que não podemos quantificar e não temos como quantificar o que não podemos definir. Muitas coisas importantes – as coisas subjetivas – estão nessa categoria. Para *saber* algo, para realmente entender alguma coisa, precisamos examinar nosso objeto de estudo de 16 ângulos diferentes. As pessoas são lentas na percepção, e não há atalhos nesse caminho. A coisa leva tempo mesmo. Os gerentes hoje em dia não têm esse tempo, pois estão ocupados demais em trabalhos que podem quantificar – que *poderiam* colocar num computador.

É por isso que os gerentes devem usar o computador para controlar a rotina dos negócios: para passar dez minutos no controle, em vez de cinco horas. Desse modo, eles podem utilizar o resto do tempo para pensar nas coisas importantes que não têm como saber realmente – as pessoas e o meio. Isso eles não têm como definir. Precisam ir lá e ver com os próprios olhos. A maior parte dos erros gerenciais de hoje em dia se deve a falhas nesse sentido.

Nosso maior índice de falhas gerenciais acontece no patamar entre a gerência de nível médio e a alta gerência. A maioria dos gerentes de nível médio está fazendo, em essência, as mesmas coisas que fazia em seu primeiro emprego: controlar operações e apagar incêndios. Em contrapartida, a principal função dos altos executivos é pensar. O critério para o sucesso na alta gerência não apresenta praticamente nenhuma semelhança com o critério de promoção na gerência de nível médio.

O novo diretor, de modo geral, é alguém que foi promovido com base em sua capacidade de se adaptar, mas de repente ele está tão longe da linha de fogo que não sabe mais a que deve se adaptar – e então fracassa. Talvez seja um homem talentoso, mas nada em sua experiência profissional o preparou para pensar. Ele não tem a mínima noção de como se tomam decisões empresariais ou políticas. É por isso que o índice de falhas na alta direção é tão elevado. Segundo minha experiência, dois em cada três profissionais promovidos à alta gerência não seguram a barra. Permanecem na gerência de nível médio. Não são necessariamente demitidos. Ao contrário, passam a fazer parte do comitê executivo, com uma sala maior, um título mais pomposo e um salário melhor – além do constrangimento, porque nunca haviam tido que pensar. Essa é uma situação que vamos eliminar.

Por outro lado, vamos ter de enfrentar um novo problema de desenvolvimento na gerência de nível médio. Não é difícil conseguir pessoas para trabalhar nesse nível atualmente, mas será, porque precisaremos de seres pensantes aí também, não só na direção. Teremos de ensinar as pessoas a pensar cada vez mais cedo, em níveis iniciais. Já podemos ver esse problema em grandes bancos comerciais.

Precisaremos administrar o conhecimento de forma correta para preservá-lo, e isso nos leva a uma série de questões em relação a ensino e aprendizado, desenvolvimento do conhecimento e técnicas de raciocínio – não só nos países desenvolvidos, mas nos países que ainda não veem diferença entre a "administração por experiência" e a "administração por raciocínio", países alheios à própria administração. Mas esse já é outro assunto.

CAPÍTULO 11

A revolução tecnológica*

Observações sobre a relação entre a tecnologia, a ciência e a cultura

A RESPOSTA PADRÃO À PERGUNTA "O que ocasionou a grande mudança na condição humana nestes últimos 200 anos?" é "O progresso da ciência". Este ensaio é uma objeção a isso. A resposta certa mais provável seria: "Uma mudança fundamental no conceito de tecnologia." Para tal, foi imprescindível transformar as antigas tecnologias em disciplinas públicas sistemáticas, com sua própria bagagem conceitual, como por exemplo, a "diagnose diferencial" da medicina do século XIX. No século entre 1750 e 1850, as três principais tecnologias do homem – a agricultura, as artes mecânicas (a atual engenharia) e a medicina – passaram por esse processo em rápida sucessão, o que resultou, quase imediatamente, numa "revolução" agrícola, industrial e médica.

Esse processo não tinha (quase) nenhuma relação com o novo conhecimento da ciência contemporânea. Aliás, em qualquer área da tecnologia, a prática, com suas regras empíricas, estava muito à frente da ciência. A tecnologia, portanto, tornou-se o incentivo da ciência. Por exemplo, levou 75 anos para Clausius e Kelvin conseguirem chegar a uma formulação científica do comportamento termodinâmico da máquina a vapor de Watt. A ciência não poderia ter tido nenhum impacto na revolução tecnológica até que a transformação do trabalho qualificado em disciplina tecnológica tivesse se completado.

---

* Publicado originalmente em *Technology and Culture*, no segundo semestre de 1961.

No entanto, a tecnologia teve impacto imediato na ciência, que foi transformada pelo surgimento da tecnologia sistemática. A mudança foi fundamental – uma mudança na própria definição e imagem de ciência, que deixou de ser uma "filosofia natural" e passou a ser uma instituição social. As palavras utilizadas pela ciência para se definir continuaram as mesmas: "a busca sistemática por conhecimento racional". O termo "conhecimento", porém, mudou de significado, de "compreensão", isto é, algo focado na mente humana, para "controle", cujo foco está na aplicação da tecnologia. Em vez de tratar de problemas abstratos, como sempre foi o caso, a ciência passou a levantar questões sociais e políticas.

Seria demais afirmar que a tecnologia se consolidou como um poder superior à ciência, mas foi a tecnologia que preparou o terreno e incentivou a mudança da ciência, que relutava em se transformar. É a tecnologia que dita a natureza da união entre as duas: estamos falando de uma união da ciência *à* tecnologia, não uma união entre ciência e tecnologia.

As evidências indicam que a chave dessa mudança encontra-se nos conceitos básicos relacionados à tecnologia, isto é, na verdadeira revolução tecnológica, com suas próprias causas e sua própria dinâmica.

De todas as grandes áreas tecnológicas, só a medicina tem sido ensinada sistematicamente há tanto tempo. Podemos traçar uma linha contínua de mil anos, que vai da escola de medicina de hoje às escolas de medicina dos califados árabes. A trilha, apesar do mato crescido, segue por mais 1.400 anos, até a escola de Alexandria de Hipócrates. Desde o início, as escolas de medicina ensinavam conhecimento teórico e prática clínica, ou seja, ciência e tecnologia. Ao contrário de qualquer outro tecnólogo ocidental, os médicos sempre gozaram de estima e posição social.

Mesmo assim, até muito tarde – 1850, mais ou menos –, não havia uma relação organizada ou previsível entre o conhecimento científico e a prática médica. A principal contribuição do Ocidente à saúde pública na Idade Média foi a invenção dos óculos, em 1286, segundo consta. Em 1290, o uso dos óculos já está totalmente documentado.* Essa invenção baseou-se, mui-

---

* E. Rosen, "The Invention of Eyeglasses", *Journal for the History of Medicine*, vol. 11 (1956), pp. 13-46, 183-218.

to provavelmente, no conhecimento científico da época – os experimentos ópticos de Roger Bacon, ao que tudo indica. Bacon ainda estava vivo quando os óculos começaram a ser usados, mas veio a falecer em 1294. Até o século XIX, não há nenhum outro exemplo de uma tradução tão instantânea do novo conhecimento científico em tecnologia – muito menos na medicina. Ainda assim, a teoria da visão de Galeno, que excluía qualquer possibilidade de correção mecânica, foi ensinada nas escolas de medicina até 1700.*

Quatrocentos anos depois, na época de Galileu, a medicina deu outro grande passo – a descoberta de Harvey quanto à circulação do sangue, a maior novidade em termos de conhecimento desde a Antiguidade. Mais cem anos se passam e a vacina contra a varíola de Jenner marca o primeiro tratamento específico e o primeiro método de prevenção contra uma grande doença.

As descobertas de Harvey invalidaram todas as premissas teóricas por trás da antiga prática clínica da sangria. Em 1700, tais achados eram ensinados em todas as escolas de medicina e publicados em todos os artigos médicos. Mesmo assim, a sangria continuou sendo a essência da prática médica e uma panaceia universal por mais cem anos, aplicada sem restrições ainda em 1850.** O que a eliminou finalmente não foi o conhecimento científico – disponível e aceito há 200 anos –, mas a observação clínica.

Ao contrário de Harvey, a realização de Jenner foi essencialmente tecnológica, sem nenhuma base teórica. Talvez seja a maior façanha da observação clínica. A vacinação contra a varíola deparou-se com diversas objeções – afinal, seria uma imprudência o sujeito decidir se contaminar de propósito. Mas o que ninguém parecia perceber era a total incompatibilidade do tratamento de Jenner com qualquer teoria médica ou biológica da época até a chegada de Pasteur, cem anos mais tarde. O fato de ninguém julgar

---

* Entre os diversos pioneirismos do grande Boerhaave podemos citar o primeiro curso de oftalmologia e o primeiro exame de vista – em 1708, em Leyden. *Óptica* de Newton foi a inspiração declarada. (Ver George Sarton, "The History of Medicine versus the History of Art", *Bulletin of the History of Medicine*, vol. 10 (1941), pp. 123-135.)

** A sangria, na verdade, alcançou o auge na década de 1820, quando foi considerada um tratamento universal por ninguém menos do que Broussais, o professor mais famoso da Academia de Medicina de Paris. De acordo com Henry E. Sigrist (*Great Doctors*; Londres: Allen and Unwin, 1933), essa prática tornou-se tão popular que em um ano, 1827, 33 milhões de sanguessugas foram importadas para a França.

conveniente estudar a vacinação ou o fenômeno da imunidade nos parece bastante estranho, mas como explicar que os mesmos médicos que praticavam a vacinação continuaram ensinando, por cem anos, teorias totalmente contraditórias com essa prática?

A única explicação é que os campos da ciência e da tecnologia não eram vistos como relacionados. Para nós, a tradução do conhecimento científico em tecnologia (e vice-versa) já é lugar-comum. Essa premissa explica a contundência dos argumentos referentes à relação histórica entre a ciência e as "artes úteis", mas as premissas do debate são inválidas: a presença de uma ligação nesse sentido prova tanto quanto sua ausência – é a nossa época, não o passado, que pressupõe uma coerência entre a teoria e a prática.

A diferença básica não estava no conteúdo, mas no foco das duas áreas. A ciência era um ramo da filosofia, preocupada com a compreensão, cujo objetivo consistia em elevar a mente humana. Segundo o famoso argumento de Platão, a ciência degradava a filosofia ao recorrer a ela. A tecnologia, por outro lado, estava focada no uso. Seu objetivo era aumentar a capacidade humana de realizar. A ciência lidava com elementos mais gerais. A tecnologia lidava com elementos mais concretos. Qualquer semelhança entre as duas seria "mera coincidência".*

Não há como estabelecer uma data exata para uma mudança de atitude ou de visão de mundo. E a revolução tecnológica segue essa mesma regra. Sabemos, contudo, que ela ocorreu no período entre 1720 e 1770 – os 50 anos que separam Newton de Benjamin Franklin.

Pouca gente se dá conta hoje em dia de que o elogio de Swift – ao homem que consegue fazer crescer duas folhas de grama onde antes crescia apenas uma – não se referia aos cientistas. Ao contrário, era o argumento

---

* Havia, temos de admitir, uma famosa dissidência, uma importante abordagem – bastante eficaz, por sinal –, que considerava a ciência como um meio de realização e a base da tecnologia. Seu principal porta-voz foi São Boaventura, filósofo e teólogo escolástico do século XIII, ao lado de São Tomás de Aquino (ver principalmente *Redução das artes à teologia*, de São Boaventura). Cem anos antes, no século XII, os dissidentes eram maioria no platonismo das escolas de tecnologia/teologia de St. Victoire e Chartres, criadores tanto do misticismo quanto das grandes catedrais. A respeito disso, ver Charles Homer Haskins, *The Renaissance of the Twelfth Century* (Cambridge, Mass.: Harvard University Press, 1927); Otto von Simson, *A catedral gótica* (Editorial Presença, 1991); e Abbot Suger de St. Denis, em *Abbot Suger on the Abbey Church of St. Denis and its Art Treasures*, ed. Erwin Panofsky (Princeton, 1946).

final, irrefutável, contra eles, principalmente contra a venerável Royal Society. Seu propósito era enaltecer a sensatez e os benefícios da tecnologia não científica em detrimento da esterilidade arrogante de uma busca vã da natureza voltada para a compreensão. Isso contradizia a ciência newtoniana, pois Swift sempre esteve no lado impopular, mas sua premissa básica – a de que a ciência e a prática eram mundos totalmente distintos – prevalecia nas primeiras décadas do século XVIII. Nenhum cientista se pronunciou contra os bizarros "projetos" tecnológicos da South Sea Bubble de 1720, mesmo que sua inviabilidade teórica fosse evidente. Muitos, encabeçados por Sir Isaac Newton, investiram pesado nesses projetos.* E, embora Newton, como diretor da Royal Mint (casa da moeda britânica), tenha reestruturado suas práticas comerciais, não se importou muito com a tecnologia.

Os dissidentes não viam a tecnologia material como o fim do conhecimento, claro. O conhecimento racional era um meio para chegar ao conhecimento de Deus ou ao menos de Sua glorificação. Mas o conhecimento, uma vez que seu propósito era a aplicação prática, focou imediatamente a tecnologia material e fins puramente mundanos – conforme as palavras de São Bernardo em seu famoso ataque à "tecnocracia" de Suger já em 1127.

A dissidência nunca arrefeceu totalmente, mas, depois do triunfo aristotélico do século XIII, perdeu a força até o advento da filosofia natural romântica no início do século XIX, muito *após* a revolução tecnológica e seu primeiro (e, até então, único) fruto literário. Havia uma relação íntima entre os românticos – com Novalis como o principal poeta e Schelling como o filósofo oficial – e a primeira grande disciplina, que, desde o início, se consolidou como ciência e tecnologia: a química orgânica. Isso todos sabem. O que nem todo mundo sabe é que os filósofos, escritores e estadistas do movimento romântico saíram, em grande parte, da Universidade Técnica de Freiberg (Saxônia), fundada em 1776.

Cinquenta anos mais tarde, por volta de 1770, o Dr. Franklin é o "filósofo" por excelência e a grande celebridade científica do Ocidente. Franklin, apesar de ser um excelente cientista, deve sua fama às realizações como tecnólogo – "artesão", no linguajar do século XVIII. Era um inventor brilhante – foi responsável pela invenção do forno e das lentes bifocais, por exemplo.

---

* J. Carswell, *The South Sea Bubble* (Londres: Cresset Press, 1960).

Entre suas maiores explorações científicas, uma – a pesquisa da eletricidade atmosférica – ganhou imediatamente uma aplicação: o para-raios. Outra, seu trabalho pioneiro no campo da oceanografia, com a descoberta da Corrente do Golfo, foi levado a cabo com um intuito totalmente prático, a saber, acelerar o serviço postal transatlântico. Ainda assim, os cientistas o aclamaram com tanto entusiasmo quanto o público em geral.

Nos 50 anos entre 1720 e 1770 – um período pouco falado na história da ciência, a propósito –, uma mudança fundamental na atitude em relação à tecnologia, tanto de leigos quanto de cientistas, deve ter acontecido. Uma indicação nesse sentido é a mudança na postura dos ingleses quanto a patentes. Durante a South Sea Bubble, elas ainda eram impopulares e atacadas como "monopólios" – determinadas por questões políticas, não pelos inventores. Em 1775, quando Watt obteve sua patente, tornaram-se aceitas como meio de incentivar e recompensar o progresso tecnológico.

Sabemos bem o que aconteceu com a tecnologia no período que inclui a revolução agrícola e o início da Revolução Industrial. A tecnologia, conforme a conhecemos hoje em dia, isto é, um trabalho organizado e sistemático nas ferramentas materiais do homem, surgiu nessa época. Foi gerada pela organização do conhecimento existente, aplicado e publicado sistematicamente. De todos esses passos, o último foi o mais inovador – não é à toa que a habilidade técnica era chamada de "mistério" – e o mais importante.

O efeito imediato do surgimento da tecnologia não foi apenas o rápido progresso tecnológico: foi a consolidação da tecnologia como disciplina sistemática a ser ensinada e aprendida e, finalmente, a reorientação da ciência como motor dessa nova disciplina de aplicação tecnológica.

A agricultura* e as artes mecânicas** mudaram ao mesmo tempo, embora de maneira independente.

---

* G.E. Fussell, *The Farmer's Tools, 1500-1900* (Londres, 1952); A.J. Bourde, *The Influence of England on the French Agronomes* (Cambridge, 1953); A. Demolon, *L'Évolution Scientifique et l'Agriculture Française* (Paris, 1946); R. Krzymowski, *Geschichte Der Deutschen Landwirtschaft* (Stuttgart, 1939).

** A.P. Usher, *Uma história das invenções mecânicas* (Editora Papirus, 1993); do mesmo autor, "Machines & Mechanisms" no vol. III de Singer e outros, *A History of Technology* (Oxford, 1957); J.W. Roe, *English and American Tool Builders* (Londres, 1916); K.R. Gilbreth, "Machine Tools", em *A History of Technology*, vol. IV (Oxford, 1958); sobre os primórdios da educação técnica, ver Franz Schnabel, *Die Anfänge des Technischen Hoch-schulwesens* (Freiburg, 1925).

Começando com homens como Jethro Tull e seu trabalho sistemático referente a máquinas de cultivo puxadas por cavalos nos primeiros anos do século XVII e culminando, já no final do século, com o trabalho de Coke de Holkham sobre cultivo em grande escala e criação seletiva de animais, a agricultura deixou de ser um "estilo de vida" e passou a ser uma indústria. Esse trabalho, porém, teria tido pouco impacto não fosse a publicação sistemática da nova abordagem, principalmente por parte de Arthur Young, o que assegurou a rápida aceitação do método e seu contínuo trabalho de aprimoramento. Como resultado, o rendimento dobrou, ao passo que as necessidades de mão de obra foram reduzidas à metade – o que por si só possibilitou a grande mudança de mão de obra do campo para a cidade (e da produção de comida para o consumo de comida) da qual a Revolução Industrial dependia.

Por volta de 1780, Albrecht Thaer, um seguidor entusiástico dos ingleses, fundou na Alemanha a primeira faculdade agrícola – uma faculdade não de "cultivo da terra", mas de "agricultura". Isso, por sua vez, ainda durante a vida de Thaer, deu lugar ao primeiro conhecimento especificamente focado na aplicação – o trabalho de Liebig sobre nutrição de plantas – e à primeira indústria baseada na ciência, a indústria de fertilizantes.

A conversão das artes mecânicas em tecnologia seguiu a mesma sequência e o mesmo cronograma. Os cem anos entre a oferta da famosa recompensa de £20 mil por um cronômetro confiável (em 1714) e a padronização de componentes introduzida por Eli Whitney foram, evidentemente, a grande era da invenção mecânica – das máquinas ferramentas, das máquinas motrizes e da organização industrial. O treinamento técnico, apesar de não sistemático ainda, começou com a fundação da École des Pontes et Chaussées, em 1747. A codificação e a publicação em forma organizada remontam à *Encyclopédie* de Diderot, cujo primeiro volume foi lançado em 1750. Em 1776 – aquele ano milagroso que trouxe a declaração da independência, *A riqueza das nações*, os comentários sobre as leis da Inglaterra, de Blackstone, e a primeira máquina a vapor, de Watt –, foi inaugurada a primeira universidade técnica moderna: a Bergakademie, Universidade Técnica de Freiberg (Saxônia). De modo bastante significativo, um dos motivos disso foi a carência de gerentes com treinamento técnico criada pelo crescente uso da máquina a vapor de Newcomen, sobretudo na mineração de carvão em grandes profundidades.

Em 1794, com o estabelecimento da École Polytechnique em Paris, a profissão de engenheiro se consolidou. E, de novo, dentro de uma geração, as ciências físicas passam por um processo de reorientação – a química orgânica e a eletricidade começam sua carreira científica, sendo ao mesmo tempo ciência e tecnologia. Liebig, Woehler, Faraday, Henry, Maxwell foram grandes cientistas cujo trabalho foi rapidamente colocado em prática por grandes inventores, engenheiros e produtores industriais.

Somente a medicina, de todas as grandes tecnologias, não fez a transição no século XVIII. Até que tentaram – o holandês Gerhard van Swieten,* não apenas um grande médico, mas também conselheiro político influente na corte de Habsburgo, tentou juntar a prática clínica, inaugurada por seu professor Boerhaave em Leyden por volta de 1700, com os novos métodos científicos de homens como Paduan Morgagni, cujo trabalho pioneiro *Anatomia patológica*** (1761) tratava as doenças como afecções de um órgão, não como "humores". Porém – uma lição que não podemos esquecer –, o próprio fato de que a medicina (ou algo com esse nome) já era respeitada como faculdade acadêmica impossibilitou o sucesso da tentativa. Viena recaiu na escolástica assim que van Swieten e seu apoiador, o Imperador José II, morreram.

Só depois da Revolução Francesa, que aboliu todas as escolas de medicina e sociedades médicas, é que uma verdadeira mudança pôde acontecer. Nesse momento, então, outro médico da corte, Corvisart, médico de Napoleão, realizou em Paris, por volta de 1820, o que van Swieten não conseguira realizar. Mesmo assim, a oposição à abordagem científica continuava forte o suficiente para fazer Semmelweis ter de sair de Viena para o exílio ao descobrir, por volta de 1840, que as práticas médicas tradicionais eram responsáveis pela febre puerperal, com um apavorante número de óbitos. A medicina não foi considerada verdadeira tecnologia e disciplina organizada até 1850, quando surgiu a escola de medicina moderna de Paris, Viena e Wuerzburg.

---

* A principal biografia de van Swieten é *Gerhard van Swieten*, de W. Mueller (Viena, 1883); para mais informações sobre a resistência organizada da medicina acadêmica à abordagem científica, ver *Geschichte des Oesterreichischen Unterrichtswesens*, de G. Strakosch-Grassmann (Viena, 1905).

** Esse é o nome comumente usado para o trabalho. O título original era *De Sedibus et causis morborum per anatomen indigatis*. A primeira tradução em inglês foi lançada em 1769, com o título *The Seats and Causes of Diseases Investigated by Anatomy*.

Isso também aconteceu, porém, sem ajuda da ciência. O que se codificou e organizou foi, basicamente, o antigo conhecimento, adquirido com a prática. Imediatamente *após* a reorientação da prática da medicina é que apareceram os grandes cientistas médicos – Claude Bernard, Pasteur, Lister, Koch. E todos focavam a aplicação do conhecimento, movidos por um desejo de realizar, em vez de um desejo de saber.

Sabemos os resultados da revolução tecnológica e seus impactos. Sabemos que, ao contrário do que dizia Malthus, o abastecimento de alimentos nos últimos 200 anos foi muito maior do que o grande aumento da população humana. Sabemos que o tempo de vida médio de um homem há 150 anos ainda era próximo ao "tempo de vida natural": os 25 anos, mais ou menos, necessários para a reprodução física da espécie. Nas áreas mais desenvolvidas e prósperas, esse número quase triplicou. E sabemos da transformação de nossa vida em decorrência da tecnologia mecânica, com seus potenciais e seus perigos.

A maioria de nós também sabe que a revolução tecnológica resultou em algo ainda mais inaudito: uma civilização mundial comum. Tal fato está dissolvendo a história, a tradição, a cultura e os valores do mundo inteiro, por mais antigos, desenvolvidos e apreciados.

E, por trás desse fenômeno, há uma mudança no significado e na natureza do conhecimento e de nossa postura em relação a ele. Uma forma de explicar isso talvez seja dizer que o mundo não ocidental não quer a ciência ocidental porque deseja compreender melhor as coisas, mas porque deseja usufruir da tecnologia e seus frutos. O mundo não ocidental quer controle, não compreensão. A história da ocidentalização do Japão entre 1867 e seu surgimento como nação moderna na guerra chinesa de 1894 é o exemplo clássico, por ser o primeiro.*

Isso significa, porém, que a revolução tecnológica concedeu à tecnologia um poder que nenhuma das "artes úteis" – fosse agrícola, mecânica ou médica – tivera: impacto sobre a mente humana. Antes, as artes úteis lidavam somente com a questão de como o homem vive, morre, trabalha, se diverte, come e luta. Como e o que ele pensa, como vê o mundo e a si mesmo inseri-

---

* Isso está explicado mais claramente em *The Economic Development of Japan, 1868-1938*, de William Lockwood, (Princeton: University Press, 1954).

do nesse contexto – suas crenças e valores – eram assuntos para outras áreas – religião, filosofia, arte, ciência. A utilização de meios tecnológicos nessas áreas era considerada "magia" – algo do mal ou até uma estupidez.

Com a revolução tecnológica, no entanto, aplicação e cognição, mente e matéria, ferramenta e propósito, conhecimento e controle passaram a ter uma ligação, para melhor ou pior.

Existe apenas uma coisa que não sabemos a respeito da revolução tecnológica, mas que é essencial: o que terá acontecido para que as mudanças básicas de atitude, crenças e valores fossem possíveis? O progresso científico, conforme tentei demonstrar, teve muito pouco a ver com tudo isso. Mas qual terá sido o papel da mudança em relação à visão de mundo que, um século antes, ocasionou a revolução científica? Que papel terá desempenhado o crescente capitalismo? E qual terá sido a função do novo Estado centralizado, com suas políticas mercantilistas em relação ao comércio e à indústria e sua obsessão burocrática quanto a procedimentos escritos, sistemáticos e racionais no mundo inteiro? (Afinal de contas, o século XVIII codificou as leis no momento em que codificou as artes úteis e aplicadas.) Ou a questão aqui é de processo, cuja dinâmica está na tecnologia? Será que o "progresso da tecnologia" chegou a um ponto em que de repente as coisas viraram de cabeça para baixo e o "controle" que a natureza sempre exerceu sobre o homem agora, pelo menos em teoria, transformara-se no controle do homem sobre a natureza?

Essa deve ser uma pergunta central, tanto para o historiador geral quanto para o historiador da tecnologia.

Para o primeiro, a revolução tecnológica marca um dos grandes divisores de águas – seja do ponto de vista intelectual, político, cultural ou econômico. Em todas essas quatro áreas, os motivadores tradicionais – e sempre malsucedidos – de sistemas, poderes e religiões para a dominação do mundo são substituídos por um novo e bem-sucedido imperialismo mundial: o da tecnologia. Em cem anos, ele invade todos os lugares e, em 1900, instaura o símbolo de sua soberania, a máquina a vapor, até no palácio do Dalai Lama, em Lhasa.

Para o historiador da tecnologia, a revolução tecnológica não é apenas um acontecimento cataclísmico dentro de seu campo de estudo. É o ponto em que esse campo de estudo, a tecnologia, passa a existir. Até esse momento, evidentemente, temos uma história fascinante de artes e ferramentas, artefatos e inventividade mecânica, avanços lentos e penosos, e repentina difusão. No entanto, somente o historiador, dotado de visão retrospectiva, vê isso como tecnologia, como uma coisa só. Para quem viveu na época, esses fatores eram elementos isolados, cada um pertencente à sua própria esfera, com aplicação e estilos de vidas independentes.

Ainda assim, nenhum historiador deu muita atenção à revolução tecnológica. O historiador geral, quando a considera, vê a tecnologia como a filha bastarda da ciência. O único historiador geral de peso (com exceção daquele grande conhecedor de técnicas e ferramentas, Heródoto) que dedica tempo e atenção à tecnologia, seu papel e seu impacto, pelo que sei, é Franz Schnabel.* O fato de Schnabel ter ensinado história numa universidade técnica (Karlsruhe) talvez explique seu interesse. Os historiadores da tecnologia, por sua vez, costumam ser historiadores de materiais, ferramentas e técnicas, não historiadores de tecnologia. As raras exceções geralmente são não tecnólogos, como Lewis Mumford ou Roger Burlingame, que, evidentemente, estão mais preocupados com o impacto da tecnologia na sociedade e na cultura do que com o desenvolvimento e a dinâmica da tecnologia em si.

No entanto, a tecnologia é importante hoje em dia justamente porque une dois universos, o da realização e o da compreensão, vinculando a história natural do homem com sua história intelectual. Como acabou indo parar no centro – quando sempre esteve dispersa pela periferia –, é algo que ainda precisa ser investigado e documentado.

---

* Franz Schnabel, *Deutsche Geschichte im 19. Jahrhundert* (4 volumes, Freiburg, ib., 1929-1937). O debate sobre tecnologia e medicina encontra-se, principalmente, no vol. III.

CAPÍTULO 12

Será que a administração poderá ser uma ciência algum dia?*

ALGUM TEMPO ATRÁS, UMA DAS associações de administração me pediu para dar uma palestra sobre "ciência da administração no planejamento empresarial". Aproveitei o convite para fazer uma coisa que desejava fazer há tempos – ler toda a bibliografia das áreas relacionadas à ciência da administração dos últimos quatro, cinco anos: pesquisa operacional; teoria das estatísticas e tomada de decisão estatística; teoria de sistemas, cibernética, processamento de dados e teoria da informação; econometria, contabilidade gerencial e teoria da contabilidade etc. Além disso, examinei de perto o trabalho de ciência da administração realizado em diversas empresas, por seus próprios funcionários ou por consultores externos.

Estou convencido de que ninguém deixará de se impressionar com o potencial da ciência da administração após ler todo o trabalho realizado a respeito. A administração sempre será uma forma de arte. O talento, a experiência, a visão, a coragem e o caráter dos administradores sempre serão fatores essenciais em seu desempenho e no desempenho de sua empresa. Mas isso vale para a medicina e os médicos também. Como na medicina, a administração e os administradores – principalmente os mais capacitados,

---

* Palestra ministrada na décima quinta conferência de aniversário da escola de negócios de Harvard, setembro de 1958.

os mais completos – serão mais eficazes quando sua base de conhecimento e busca sistemática se fortalecerem e suas raízes quanto à disciplina de administração e empreendedorismo se aprofundarem. O trabalho realizado na área de ciência da administração comprova que tal disciplina é possível.

No entanto, estou convencido também de que não há como inspecionar o trabalho feito até o momento sem ficar preocupado. O potencial está lá, mas correndo o perigo de ser desperdiçado. Em vez de uma ciência da administração que fornece conhecimento, conceitos e disciplina para administradores e empreendedores, talvez estejamos desenvolvendo uma coleção de mecanismos e técnicas de administração para o especialista em eficiência.

A maior parte do trabalho atual está voltada para o aperfeiçoamento das ferramentas já existentes relacionadas a funções técnicas específicas – como controle de qualidade ou controle de estoque, localização de depósitos ou alocação de vagões de carga, carregamento de máquinas, programação de manutenções ou organização de pedidos. Aliás, boa parte do trabalho não passa de um pequeno aprimoramento da engenharia industrial, contabilidade de custos e análise de procedimentos. Dá-se alguma atenção (não muita) à análise e melhoria de esforços no sentido funcional – sobretudo aos relacionados à produção, mas também, de certa forma, ao marketing e à administração financeira.

Não existe, contudo, quase nenhum trabalho, nenhum pensamento organizado, nenhuma ênfase em relação à administração de um empreendimento – sobre riscos criados, riscos assumidos, tomada de decisões. Aliás, encontrei somente dois exemplos de trabalho nessa área: o programa de dinâmica industrial do Instituto de Tecnologia de Massachusetts* e o trabalho de pesquisa operacional e síntese realizado em algumas divisões da General Electric Company. Em qualquer área da ciência da administração – tanto na teoria quanto na prática –, a ênfase está nas técnicas, não nos princípios; nos mecanismos, não nas decisões; nas ferramentas, não nos resultados; e, acima de tudo, na eficiência de uma parte, não no desempenho do todo.

No entanto, se existe um insight por trás de toda a ciência da administração é que a organização empresarial consiste em um *sistema* da mais alta

---

* Ver "Industrial Dynamics: A Major Breakthrough for Decision Makers", de Jay W. Forrester, *Harvard Business Review*, julho-agosto de 1958, p. 37.

ordem: um sistema cujas "peças" são seres humanos contribuindo voluntariamente com seu conhecimento, capacidade e dedicação para um empreendimento conjunto.* E um fator caracteriza todos os verdadeiros sistemas, sejam eles mecânicos, como o controle de um míssil, biológicos, como as árvores, ou sociais, como as empresas: a interdependência. O sistema como um todo não é necessariamente aprimorado se uma função ou parte específica for aperfeiçoada. Aliás, o sistema pode ser prejudicado por isso ou até mesmo destruído. Em alguns casos, a melhor forma de fortalecer um sistema pode ser *enfraquecer* uma parte – torná-la *menos* precisa ou *menos* eficiente –, pois o que importa num sistema é o desempenho do todo, resultado do crescimento e de um equilíbrio dinâmico, com adaptações e integrações, não apenas de eficiência técnica.

A ênfase na eficiência das partes na ciência da administração, portanto, está fadada a causar estragos. Otimiza a precisão das ferramentas à custa da saúde e do desempenho do todo. (O fato de as empresas serem sistemas sociais e não mecânicos aumenta ainda mais o perigo, pois as outras partes não são passivas. Elas reagem redistribuindo a inadaptação por todo o sistema ou sabotando o conjunto.)

O pior é que esse perigo não é só hipotético. Na bibliografia sobre o assunto, não faltam exemplos práticos do que mencionamos – controles de estoque que aumentam os ciclos de produção e reduzem o capital de giro, mas que deixam de considerar as expectativas de entrega do cliente e os riscos de mercado do negócio; cronograma de carregamento de máquinas que ignora o impacto das operações de determinado departamento no resto da produção; previsões que partem do princípio de que a concorrência da empresa não mudará; e assim por diante.

Do ponto de vista técnico, o trabalho é excelente, mas é aí que mora o perigo. As ferramentas novas são tão mais poderosas do que as antigas ferramentas do trabalho técnico e funcional – as ferramentas de tentativa e erro e de corte e ajuste – cujo uso inadequado pode causar sérios danos.

A possibilidade de a ciência da administração se tornar uma coleção de mecanismos e técnicas, portanto, não significa apenas uma oportunidade

---

* Ver "General Systems Theory", de Kenneth E. Boulding, *Management Science*, abril de 1956, p. 197.

perdida, mas também a perda de seu potencial de contribuir para o todo ou até mesmo o perigo de virar um fator prejudicial para o negócio.

Perguntas que não querem calar: É inevitável que a ciência da administração se torne uma coleção de mecanismos e técnicas? Ou isso seria o resultado de algo que ela faz ou deixa de fazer? Quais seriam os requisitos para uma verdadeira ciência da administração que forneça o conhecimento e a metodologia de que precisamos?

A primeira dica talvez esteja na origem dessa nova abordagem de "ciência da administração" – e a origem é bastante incomum, aliás.

Qualquer outra disciplina do homem começou numa tentativa tosca de definir qual era seu sujeito. Depois, desenvolvem-se conceitos e ferramentas de acordo com o seu estudo. A ciência da administração, porém, começou com a aplicação de ferramentas e conceitos desenvolvidos dentro de um grande número de outras disciplinas, com propósitos específicos. Pode ter começado com a incrível descoberta de que certas técnicas matemáticas, até então aplicadas ao estudo do universo físico, poderiam ser aplicadas também ao estudo das operações de negócios.

Como resultado, o foco de grande parte do trabalho na área de ciência da administração *nunca* esteve em perguntas como: "O que é uma organização empresarial? O que é administração? Quais as funções e as necessidades de ambas?" Ao contrário, o foco sempre esteve em "Onde posso aplicar minha linda engenhoca?". A ênfase estava no martelo, não em enfiar o prego na madeira, muito menos em construir uma casa. Na bibliografia a respeito de pesquisa operacional, por exemplo, existem diversas dissertações do tipo "155 aplicações da programação linear", mas nunca vi nenhum estudo publicado sobre "oportunidades empresariais e suas características".

O que isso indica é uma grave deturpação do significado de "científico" por parte dos cientistas da administração. "Científico" não é – como muitos cientistas da administração, ingenuamente, parecem pensar – sinônimo de quantificação. Se fosse, a astrologia seria a rainha das ciências. Não é nem a aplicação do "método científico". Afinal de contas, os astrólogos observam um fenômeno, inferem a generalização de uma hipótese e depois testam essa hipótese em observações posteriores. No entanto, a astrologia está mais para superstição do que para ciência, por conta da infantil suposição de que realmente existe um zodíaco, de que existem signos nele e de que sua suposta semelhança com criaturas terrestres, como peixes ou leões, define seu caráter e suas propriedades (quando, na realidade, esses desenhos não passavam de artifícios mnemônicos para os navegadores da Antiguidade).

Em outras palavras, "científico" pressupõe uma definição racional do universo da ciência (isto é, dos fenômenos considerados reais e significativos), assim como a formulação de premissas ou postulados básicos que sejam apropriados, coerentes e abrangentes. Esse trabalho de definir o universo da ciência e de estabelecer postulados básicos tem de ser realizado, mesmo que de maneira rudimentar, *antes* de o método científico poder ser aplicado. Se não for realizado ou for realizado de modo errado, o método científico não pode ser aplicado. Se for realizado (e de modo correto), o método científico torna-se uma ferramenta aplicável e muito poderosa, por sinal.

Evidentemente, não há nada de novo nessa ideia, que remonta à diferenciação entre as premissas válidas para o todo e as pertencentes a uma disciplina específica – presente na *Analytica posteriora*, de Aristóteles. Na redescoberta desse princípio durante o último século reside o poder da ciência moderna e seus métodos.*

A ciência da administração ainda precisa fazer esse trabalho de definir seu universo. Se fizer, todo o trabalho realizado até agora dará frutos – pelo menos como preparação e base de treinamento para a verdadeira realização. A primeira missão da ciência da administração – no sentido de contribuir, não de distorcer e desencaminhar – é, portanto, definir a natureza específica de seu assunto. Isso pode incluir, como definição básica, a ideia de que a organização empresarial é um sistema composto de seres humanos. Premissas, opiniões, objetivos e até os erros das pessoas (sobretudo de gerentes) são, dessa forma, *fatos* para os cientistas da administração. Qualquer trabalho de valor na área de ciência da administração deve começar com uma análise e um estudo desses fatos.

Partindo desse reconhecimento do que há para ser estudado, a ciência da administração precisa, então, estabelecer suas premissas e postulados básicos – sem os quais nenhuma ciência pode desenvolver métodos apropriados.

---

* Para mais informações sobre a posição moderna, ver *An Introduction to Foundations and Fundamnetal Concepts of Mathematics*, de Howard Eves e Carroll V. Newsom (Nova York: Holt Rinehart, 1958), pp. 29-30.

Talvez deva incluir o fato indiscutível de que toda organização empresarial existe dentro de um contexto econômico e social; que até o indivíduo mais poderoso é um servidor de seu meio, podendo ser excluído desse meio sem cerimônia e que até a pessoa menos importante influencia a economia e a sociedade, em vez de apenas adaptar-se a elas; em outras palavras, que as organizações empresariais existem somente num cenário econômico e social de grande complexidade.

Os postulados básicos podem incluir as seguintes ideias:

1. As organizações empresariais não produzem nem objetos nem ideias, mas valores determinados por seres humanos. Até a máquina mais engenhosa é apenas lataria se não tiver utilidade para um cliente.

2. As mensurações nas organizações empresariais são símbolos tão complexos, para não dizer abstratos, quanto o dinheiro – ao mesmo tempo abstratos e incrivelmente concretos.

3. Economia, geralmente, é o comprometimento de recursos atuais para um futuro desconhecido e incerto – em outras palavras, um compromisso com expectativas, não com fatos. Ou seja, o risco reside na essência e constitui a função básica das empresas. Vale lembrar que não é só o "gerente geral" que assume riscos, mas todos que contribuem com conhecimento, isto é, todo gerente e todo profissional especializado. Esse risco de que falamos é diferente do risco da probabilidade estatística. É o risco do acontecimento único, a irreversível quebra qualitativa de padrões.

4. Dentro e fora das organizações empresariais há um constante e irreversível movimento de mudanças. Aliás, as organizações empresariais existem como agentes de mudança nas sociedades industriais e devem ser capazes de evoluir para adaptar-se a novas condições e de inovar para mudar as condições.

Algumas dessas ideias geralmente aparecem no prólogo de livros sobre ciência da administração, mas não passam do prólogo. No entanto, para que a ciência da administração possa contribuir para a compreensão empresarial

– e inclusive ser uma ciência –, postulados como esses devem ser sua base. Evidentemente, precisamos de quantificação – embora seja algo que costuma vir muito tarde no desenvolvimento de uma disciplina (por exemplo, só agora é que os cientistas são realmente capazes de quantificar informações na biologia). Precisamos do método científico. Precisamos trabalhar em áreas e operações específicas – de modo meticuloso. Tudo bem. Mas precisamos, acima de tudo, reconhecer o caráter particular de uma organização empresarial e os postulados específicos necessários para o seu estudo. É com base nessa visão que devemos nos estruturar.

Portanto, a primeira necessidade da ciência da administração é ser respeitada como disciplina única e genuína.

O segundo indício para saber o que está faltando na ciência da administração (do modo como ela é aplicada hoje em dia) é a ênfase, bibliográfica e prática, na questão de "minimização de riscos" ou até de "eliminação de riscos" como meta e propósito final de seu trabalho.

Tentar eliminar riscos numa organização empresarial é perda de tempo. Os riscos são fatores inerentes ao comprometimento de recursos atuais com futuras expectativas. Aliás, o progresso econômico pode ser definido como a capacidade de assumir riscos cada vez maiores. A tentativa de eliminar riscos, ou mesmo de minimizá-los, só faz os riscos se tornarem fatores ilógicos e insustentáveis, resultando no maior risco de todos: a rigidez.

A principal meta da ciência da administração deve ser fazer a empresa assumir os riscos certos. Ou melhor, fazer a empresa assumir riscos cada vez *maiores* – fornecendo informações sobre alternativas de riscos e expectativas; identificando os recursos e esforços necessários para alcançar os resultados desejados e mobilizando energias para aumentar a colaboração; e mensurando os resultados em comparação com as expectativas, provendo, dessa forma, o meio para a correção de decisões equivocadas ou inadequadas.

Tudo isso pode parecer mero palavreado. No entanto, a expressão "minimização de riscos" induz animosidade contra o ato de assumir riscos – isto é, contra as organizações empresariais – na bibliografia sobre ciência da administração. Lembra os tecnocratas de uma geração atrás, pois visa subordinar os negócios à técnica e considerar a atividade econômica como uma esfera de determinação física, não uma afirmação e um exercício de liberdade e capacidade de decisão responsável.

Isso é pior do que estar errado. É falta de respeito em relação ao assunto estudado – a única coisa que nenhuma ciência pode se permitir e nenhum cientista pode admitir. Até o trabalho mais sério das pessoas mais competentes – e gente competente é o que não falta na ciência da administração – perde seu valor por conta disso.

Portanto, o segundo requisito da ciência da administração é levar o assunto de estudo a sério.

Haveria pouco motivo para se preocupar com o rumo da ciência da administração se não estivéssemos precisando tanto de uma verdadeira disciplina de empreendedorismo e administração de empresas.

Precisamos de uma provisão sistemática de conhecimento organizado para as decisões empresariais que envolvem risco num cenário tecnológico, econômico e social em constante transformação; ferramentas para medir expectativas e resultados; meios para chegar a uma visão comum e haver comunicação entre os profissionais especializados – cada um com seu próprio conhecimento, sua própria lógica e sua própria linguagem –, cujos esforços conjuntos são necessários para tomar as decisões certas e gerar resultados. Precisamos de algo que dê para ensinar e aprender, talvez apenas porque precisamos de gente com visão gerencial e competência para não dependermos da intuição de alguns poucos gênios "inatos"; e somente as generalizações e conceitos de uma disciplina podem ser realmente aprendidos ou ensinados.

Sabemos que essas necessidades são urgentes. Aliás, o futuro do sistema capitalista pode depender de nossa capacidade de tomar decisões gerenciais e empresariais de forma mais racional e de tornar mais pessoas capazes de tomar e compreender essas decisões.

Haveria pouco motivo para se preocupar se a ciência da administração não tivesse demonstrado seu grande potencial de atender à nossa necessidade. Evidentemente, ainda estamos dando os primeiros passos. O verdadeiro conhecimento e compreensão em áreas de vital importância podem levar décadas – talvez, inclusive, nunca sejam alcançados. Mas o trabalho que já foi realizado é animador e poderoso, de alta ordem de competência, capacidade e dedicação.

Tudo isso, contudo, pode ir por água abaixo se a ciência da administração se permitir virar uma coleção de mecanismos e técnicas. As oportunidades serão perdidas, as necessidades não serão atendidas e a promessa será desfeita, a menos que a ciência da administração aprenda a respeitar-se como disciplina.

ÍNDICE

A volta ao mundo em oitenta dias (Verne), 76
abordagem sistemática
　inovação e, 62, 63
　trabalho tecnológico e, 46, 49, 61-62
administração
　antigas premissas por trás da, 21, 22-28
　como ciência ou disciplina, 26-27
　como função genérica e social fundamental, 28-29, 96
　como instituição da economia mundial, 33-34
　computadores e, 154-155
　desenvolvimento econômico e social como resultado da, 34-35
　empreendedorismo e inovação fora da, 24-25
　empresa no contexto da sociedade e, 22-23
　inovação empresarial como foco da, 30-31
　instituições não comerciais e, 28-29
　novas realidades e, 22, 28-35
　novo papel do administrador e, 35-36
　principal função da, 24-25
　princípios da administração científica e, 25-26
　produtividade do conhecimento e, 32
　produtividade e administração do trabalho manual como foco da, 25-26
　qualidade de vida e, 29-30, 36
　responsabilidades sociais da, 23-24
administradores
　administração de recursos humanos e, 81-82
　clareza nas comunicações dos, 14
　comunicação de cima para baixo por parte dos, 14, 16
　conglomerados e, 82-85
　escuta na comunicação dos, 14-15, 16
　estrutura cambiante das organizações e, 96-98
　função pública dos, 82
　gama de trabalhos realizados pelos, 81-82
　inovação e, 95
　múltiplas mensurações utilizadas pelos, 85-86
　natureza cambiante do trabalho dos, 94-96
　planejamento de longo prazo e decisões dos, 119, 128-129
　produtividade e, 81

recursos do conhecimento e, 149-151, 157
relações industriais e, 98-100
sucesso de pequenas empresas e, 90-91
uso dos computadores pelos, 92-93, 155-157
Admirável mundo novo (Huxley), 79
agrícolas, faculdades, 165
agricultura
    aumento de produtividade na, 74, 151
    impacto da tecnologia na, 73, 74-75, 164-165, 168
    revolução na, 159, 164-165, 168
alta tecnologia, empresas de, organização das, 97
alternativos, rumos, e decisões empresariais, 121-122
Anatomia patológica (Morgagni), 166
aprendizagem, teoria da, 4
Aristófanes, 43
Armee Deutsch, 11-12, 16
arquitetos, e a construção de catedrais góticas, 43-44
artes e artífices
    construção das catedrais góticas e, 44
    organização do trabalho e, 43
    revolução tecnológica e, 160, 164, 169
    trabalho tecnológico e, 50, 51-52
arte, nível de comunicação na, 12-13
aspirações
    administração e, 26, 27, 29, 33, 34
    comunicação e, 10, 15, 16-17, 18
aspirina, síntese da, 53
automação, 41, 62, 71
avaliações de desempenho profissional, 17-18

Bacon, Roger, 161
Baeyer, Adolf von, 53
Banco da Inglaterra, 29
Bell Telephone System, 54, 136
Bell, Alexander Graham, 56
Bento, São, 38
Bergakademie, Freiberg, Saxônia, 165-166
Berliner, Emile, 52
Bernard, Claude, 167
Boerhaave, Herman, 161n, 166
Böhm-Bawerk, lei de, 116

Boulding, Kenneth, 46n, 173n
Bradley, Albert, 148
Brandeis, Louis, 28
Broussais, François-Joseph-Victor, 161n
Bruner, Jerome, 6
Burham, James, 28
Burlingame, Roger, 169

California Institute of Technology, 51
capital, mercado de, e conglomerados, 84
capital, recurso de, conhecimento como, 71, 147-148
Carothers, W.H., 54
catedrais, construção de, 43-44
Chaplin, Charlie, 79
China
    antiga, 76, 101, 102, 105, 106, 108, 109
    moderna, 27, 66
Chomsky, A.N., 1
Churchill, Winston, 2
cidades
    civilizações fluviais e a consolidação das, 102-105
    tecnologia e mudança para as, 73, 78-79
ciência
    administração como, 26-27
    impacto da tecnologia na, 160
    nas antigas civilizações, 109
    prática médica e conhecimento adquirido na, 161-162
    revolução tecnológica e, 159-160, 162, 168
    trabalho tecnológico e, 55-57
ciência da administração, 171-179
    a arte da administração e, 171-172
    eliminação de riscos e, 177-178
    ênfase em técnicas em vez de em princípios na, 173-175
    ferramentas existentes de funções técnicas específicas na, 172
    foco na administração de um empreendimento na, 172-173
    método científico e, 175-176
    organizações empresariais como sistema e, 173
    premissas básicas e postulados a serem estabelecidos na, 176-177

primeira necessidade da, 178
seriedade do assunto da, 178-179
científica, administração, 25-26, 28, 33, 40-41, 70
científico, método, e ciência da administração, 175-176
civilizações fluviais, 101-111
    inovação social e política nas, 102-105
    lições sobre tecnologia das, 106-110
    necessidade de história das, 105-106
    tecnologia e primeira revolução nas, 101-102
civis, movimento de direitos, 76-77
classes, estrutura de, nas cidades fluviais, 103-104, 109
classes, guerra de, 26
Clausewitz, Karl von, 72
codificação das informações, 11-12
Código de Hamurabi, 103
Commons, John R., 29
computadores
    comunicações em organizações e, 15-16
    disponibilidade de informações e, 154-155
    futuro impacto econômico dos, 147
    impacto nos empregos relacionado aos, 91-94
    manuseio de dados em, 93-94
    processos de administração envolvendo, 154-155
    sistemas de compartilhamento de tempo nos, 152
    tecnologia da informação e, 151-152
    uso gerencial dos, 92-93, 155-157
comunicação gerencial, 349
comunicação de baixo para cima, nas organizações, 14, 16
comunicação, lacuna de, 3, 15-16
comunicações
    aspirações, valores e motivação do receptor e as, 10, 15, 16-17, 18
    aumento do número de livros sobre, 2
    conhecimento na teoria e na práticas das, 3-4
    demandas do receptor nas, 10
    diferença e interdependência entre informações e, 4, 10-12
    envolvimento e, 4, 8-10
    expectativas e, 4, 8
    explosão das informações e, 3
    gama de teorias sobre, 2-3
    interesse no início do século XX em, 1, 2
    nas organizações, 4, 13-20
    percepção e, 4, 4-7, 19
    Primeira Guerra Mundial e o fracasso das, 1-2
    propaganda e, 9-10
    quatro princípios básicos das, 4
    significado de, 1
comunicações, clareza nas, 14
conceito, formação de, e comunicação, 6
Concept of the corporation (Drucker), 28
configuração, na comunicação, 4-6
Confúcio, 108
conglomerados, e o papel dos administradores, 82-85
conhecimento
    cidades fluviais e uso do, 104
    como recurso produtivo, 71, 147-148, 160
    experiência gerencial e uso de novos recursos de, 149-151, 157
    revolução tecnológica e mudança no significado e natureza do, 167-168
    tomada de decisões no planejamento de longo prazo e, 123, 128-129
    trabalho e impacto do, 148-149
Corning Glass, 85
Corvisart, Jean-Nicolas, 166-167
crenças
    administração e, 26, 27, 29, 33, 35-36
    comunicação e, 10, 16
    revolução tecnológica e, 168
cultura
    estudo da tecnologia e, 45
    impacto da tecnologia na, 67
culturais, referências, na comunicação, 5
curto prazo, planejamento de, 123-124
custo, eficácia em termos de, 29

dados, bancos de, 3
dados, manuseio de, e computadores, 93-94
dados, revolução na área de, 3
dados. *Ver* informação
Dante, 12

Darwin, Charles, 37
datilografia, e emancipação feminina, 68
de cima para baixo, comunicação, nas organizações, 14, 16
de forma livre, organizações, estrutura das, 97-98
decisão, estrutura de, no planejamento de longo prazo, 122, 125-126
desempenho, avaliações de, 86-88
desempenho, e objetivos de sobrevivência de organizações empresariais, 137, 142
desenvolvimento, como resultado da administração, 34-35
Diderot, Denis, 165
divina comédia, A (Dante), 12
Doering, Otto, 60
DuPont, laboratório da, 54
Dynamic administration (Follet), 7

École Polytechnique, Paris, 50-51, 166
economia
    administração como instituição da, 33-34
    missão principal da administração e, 24-25
    objetivos de sobrevivência das organizações empresariais e, 137-138
econômico, desenvolvimento
    como resultado da administração, 34-35
    mudança tecnológica e, 73, 78
Edison, Thomas, 52, 56, 117-118
    laboratório de Menlo Park, de, 53
    pesquisa da lâmpada elétrica conduzida por, 58-59, 60
educação
    impacto da tecnologia na, 71-72
    trabalho tecnológico e nível de, 50-52
eficiência, mensurações da, 85
Egito, antigo, 101, 108, 109
elétrica, lâmpada, invenção da, 58-59, 60, 67, 94
eletrônica, engenharia, 4, 56
emancipação feminina, e tecnologia, 68
empreendedorismo
    papel da administração e, 24-25, 30-31
    previsão e, 114-115
    riscos e tomada de decisões no, 116-117

empresarial, administração
    como modelo para instituições não empresariais
    papel na sociedade da, 22-23, 28
    responsabilidades sociais da, 23-24
empresarial, comportamento, necessidade de uma teoria quanto ao, 131-136
empresas
    como instituição da economia mundial, 33-34
    como sistema, 173
    formação profissional para, 131
    funções de sobrevivência das, 137-141
    mobilidade profissional em, 88-89
    múltiplas mensurações em, 85-86
    objetivos de sobrevivência das, 135-137
Encyclopédie (Diderot), 165
energia, abordagem sistemática em relação a, 62
envolvimento, e comunicação, 4, 8-10, 14
era
    de administradores, e recursos de conhecimento, 150
    de trabalhadores, e mobilidade profissional, 88-89
era de descontinuidade, Uma (Drucker), 24n, 28n, 31n, 35n
escala de tempo, das decisões orçamentárias, 145
escola de Alexandria, 160
escuta, na comunicação, 14-15, 16
espacial, exploração, 57, 63, 68, 77
especialização
    planejamento de longo prazo e, 118
    trabalho tecnológico e, 50, 52-53
evolução, 37, 39
expectativas
    comunicação e, 4, 8
    das decisões empresariais, 121
experiência do receptor, e comunicação, 6

fadiga, estudos sobre, 41
Faraday, Michael, 56, 166
Fayol, Henri, 26, 27
Fedro (Platão), 6
feminina, emancipação, e tecnologia, 68

ferramentas
    administração científica e mudanças nas, 40-41
    engenharia humana e, 41-42
    estudo histórico das, 43-44
    impacto humano da tecnologia e, 80
    organização do trabalho e, 42-43
    tecnologia definida como a criação de, 37-38
    trabalho e, 37-47
Follett, Mary Parker, 7
Forbes, R.J., 105
forças armadas
    impacto da tecnologia na guerra e nas, 72
    nas civilizações fluviais, 108
Ford, Henry, 51, 60, 61
Franklin, Benjamin, 163
Friedman, Georges, 42*n*

Galeno, 161
Gandhi, Mahatma, 66, 73
General Electric Company, 127, 172
General Electric, Laboratório de Pesquisa da, 53-54, 59
General Motors Research Corporation, 52
General Motors, 148
genética, 4
Gestalt, psicologia da, 62
gestos, na comunicação, 5
gótica, A catedral (Simson), 44*n*
góticas, catedrais, a construção de, 43-44
governo, nas cidades fluviais, 102-103, 107-108
Grande Depressão, 79
Grécia, antiga, 102, 105, 108
guerra, impacto da tecnologia na, 72
Guerra Mundial, Primeira, 1-2, 51, 56, 68
Guerra Mundial, Segunda, 26, 51
Guest, Robert H., 42*n*

Hall, Edward T., 5
Hamilton, S.B., 38*n*
Hamurabi, código de, 103
Harvey, William, 161
Helmholtz, Hermann von, 56
Henry, Joseph, 56, 166
Heródoto, 169

Hertz, Heinrich, 56
Hesíodo, 43
Hipócrates, 160
história, e estudo da tecnologia, 43-46, 105-105
History of Technology, A (Singer), 38, 43, 45
Hitler, Adolf, 66
Hobbes, Thomas, 96
Homero, 43
Human Dialogue, The (Matson e Montagu), 2
Human Problems of an Industrial Civilization, The (Mayo), 14, 42*n*
humana, engenharia, 41-42
humanas, escola de relações, 6, 14-15, 26-27
humanos, administração de recursos, e administradores, 81-82
Huxley, Aldous, 79

impacto dos computadores nos empregos, 91-94
imperialismo, e a disseminação da tecnologia, 66
Índia, 66, 73
indivíduo, surgimento do conceito de, nas civilizações fluviais, 104-105, 108
industriais, relações, e administradores, 98-100
industrial, pesquisa, laboratórios de. *Ver* pesquisa, laboratórios de
Industrial, Revolução, 66, 164, 165
Industrial society (Friedmann), 42*n*
industrialização, e o impacto da tecnologia, 66, 73
informação
    lacuna de comunicação e quantidade de, 15-16
    computadores e disponibilidade de, 154-155
    tomada de decisões no planejamento de longo prazo e, 119-120
    energia para trabalhos mentais e, 151-152
    impacto da nova era da, 152-154
    interesse no início do século XX em, 1
    especificidade de, 11
    conhecimento sobre, 3-4

explosão de, na quantidade de, 3, 16
diferença e interdependência de, 4, 10-12
codificação da, 11-12
informação, revolução da, 22
informação, teoria da, 3
inovação
    abordagem sistemática em relação ao trabalho tecnológico e, 62, 63
    civilizações fluviais em 102
    invenção e, 60
    laboratório de pesquisa e, 50, 54, 55
    mudança no trabalho de gerentes e, 95
    objetivos de sobrevivência das organizações empresariais e, 141
    papel da administração e, 24-25, 30-32
    tomada de decisões no planejamento de longo prazo e, 118
    trabalho tecnológico e, 59-61
instituições
    civilizações fluviais e a consolidação das, 102-105
    tecnologia e reestruturação das, 68-74
inventores e invenções
    inovação e, 60
    trabalho tecnológico e, 52-53, 54, 55, 58, 63
Iwasaki, Mineko, 27

Japão, 18, 26, 27, 33, 34, 66, 88, 167-168
Jay, Anthony, 28*n*
Jenner, Edward, 161
Josephson, Matthew, 58

Kaiser Wilhelm, Sociedade, 54
Kennedy, John F., 73
Kettering, Charles Franklin, 51
Koch, Robert, 167
Korzybski, Alfred, 1

laboratórios. *Ver* pesquisa, laboratórios de
Land, Edwin H., 52
Landmarks of Tomorrow, The (Drucker), 118*n*, 119*n*
Liebig, Justus von, 52, 55-56, 165, 166
Lister, Joseph, 167
Locke, John, 96
Lockwood, William, 167*n*

lucratividade
    administração empresarial e, 29
    múltiplas mensurações da, 85
    necessidade de educação quanto ao comportamento empresarial e, 131-133
    objetivos de sobrevivência das organizações empresariais e, 139-141
lucros, maximização de lucros, 133, 140

Malthus, Thomas, 167
Man on the Assembly Line, The (Walker e Guest) 42*n*
Management and Machiavelli (Jay), 28*n*
Managerial Revolution, The (Burnham), 28
manual, trabalho
    como foco da administração, 25-26, 28
    tecnologia e mudanças no, 69-71
Maquiavel, Nicolau, 28
máquina do tempo, A (Wells), 67
Marconi, Guglielmo, 56
Mark, Karl, 28
massa, produção em, 26, 61, 70
Massachusetts, Instituto de Tecnologia de, 172
matemática, linguística, 1
material, equipamentos de manuseio de, 43, 44
Matson, Floyd W., 2
Max Planck, Sociedade, 54
Maxwell, James Clerk, 56, 166
Mayo, Elton, 14, 42*n*
McKinsey & Company, 29
McNamara, Robert, 29
mecânicas, artes e tecnologia, 38, 159, 164, 165-166, 167, 168
Medawar, P.B., 39*n*
medicina
    conhecimento científico e prática da, 161-162
    ensino da, 160-161
    revolução tecnológica e, 166-167, 168
Meiji, Japão de, 34
memória, e retenção de palavras, 8-9
Menlo Park, laboratório de, Nova Jersey, 54

mensurações
    ciência da administração e, 176
    objetivos de sobrevivência das organizações empresariais com, 141-142
    planejamento de longo prazo com, 127-128
mensurações de desempenho, 86-88
Mesopotâmia, 101-106, 108
Mitsui Takatoshi, 27
mobilidade profissional, 88-89
Mond, Ludwig, 50
montagem, linha de, 41
Montagu, Ashley, 2
Morgagni, Giovanni Battista, 166
Morse, Samuel, 50
motivação
    comunicação e, 10, 16-17, 19
    produtividade do conhecimento e, 149
mudança, e organizações empresariais, 138-139, 177
multinacionais, 34
Mumford Lewis, 105, 169
mundial, economia, administração como instituição da, 33-34

nacionalismo, 78
Napoleão, 72
Needham, Joseph, 105
negócios, homens de
    conceito de tomada de decisão nos planejamentos de longo prazo realizados por, 119
    necessidade de uma teoria quanto ao comportamento empresarial e, 135
Nehru, Jawaharlal, 74
New Society, The (Drucker), 28, 30
Newton, Isaac, 122, 161*n*, 163

objetivos das organizações empresariais
    funções de sobrevivência e, 137-141
    histórico e descrição dos, 135-137
    mensurações viáveis e conceitos claros desenvolvidos nos, 141-142
    processo orçamentário e, 143-145
    seleção e equilíbrio entre objetivos nos, 142-143
    trabalho a ser feito para desenvolver, 141-143

objetivos de decisões empresariais, 121
oceano, exploração do, 62
óculos, invenção dos, 161
operacional, pesquisa, 171, 172, 174-175
orçamentário, processo, e objetivos de sobrevivência das organizações empresariais, 143-145
orçamento operacional, e objetivos de sobrevivência das organizações empresariais, 143-145
organizacional, comunicação, 4, 13-19
    aspirações, valores e motivação do receptor e, 15, 16-17
    avaliações de desempenho e, 17-18
    computadores e, 15-16
    conclusões de subordinados apresentadas a superiores na, 16-17
    de cima para baixo e de baixo para cima, 14, 16
    escuta na, 14-15, 16
    explosão da informação e lacuna de comunicação na, 15-16
    incentivando a comunicação de receptores na, 18-20
    paternalismo na, 19
    percepção e, 19
organizacional, estrutura, e objetivos de sobrevivência das organizações empresariais, 137
organizações
    estrutura cambiante das, 96-98
    medidas de desempenho nas, 86-88
    múltiplas mensurações utilizadas nas, 85-86
    necessidade de uma teoria quanto ao comportamento empresarial nas, 133
Oriental Despotism: A Comparative Study of Total Power (Wittvogel), 103*n*
Oriente Médio, antigas civilizações no, 107-108, 109
Osborn, Fairfield, 105

Pasteur, Louis, 167
paternalismo, na comunicação organizacional, 19

percepção e comunicação, 4, 4-7
   configuração de gestos, tom de voz
      e referências culturais e sociais na
      área de, 4-5
   experiência do receptor e, 5
   informação na comunicação e, 12
   comunicação organizacional, 19
   gama de percepção, 6
   receptor como requisito para a
      comunicação, 5
   linguagem silenciosa, 5
   formação de conceito na área de, 6
   capacidade de percepção, 5, 7
Perkin, William H., 50, 56
pesquisa
   como foco dos laboratórios industriais,
      54-55
   inovação e, 50, 54, 55
pesquisa, laboratórios de
   Edison e, 53
   esforço de equipe de especialistas em,
      53
   foco de pesquisa dos, 54-55
   institucionalização do trabalho
      tecnológico em, 50, 53-56
   no século XIX, 53
   origem dos, 53-54
   pesquisa especializada e generalista
      realizada em, 54
   Steinmetz na General Electric como
      modelo de, 54
pesquisa, método de, no trabalho
   tecnológico, 58-59
Piaget, Jean, 6
planejamento de longo prazo, 113-130
   características de riscos e, 126-127
   ciência da administração e, 130
   complexidade das organizações
      empresariais e da economia e
      sociedade e, 118-119
   conceito empresarial da base de
      decisões e, 119
   conhecimento gerencial no, 128-129
   elementos de decisões empresariais no,
      121-123
   estrutura de decisões no, 122,
      125-126
   etapa de impacto das decisões no,
      122-123
   informação na tomada de decisões e,
      119-120
   intervalo de tempo das decisões no,
      117-118, 123-125
   mensurações no, 127-128
   novo conteúdo de conhecimento
      necessário no, 123
   previsão *versus*, 113-115
   requisitos do, 120-128
   resultados das decisões no, 123
   rumos alternativos e, 121-122
   tentativa de eliminação de riscos e,
      116
   uso do termo, 117n, 123-124
   velocidade e risco da inovação
      e, 118
Platão, 6
política, inovação, nas civilizações fluviais,
   102-105, 106-107, 109
prazo das decisões, no planejamento de
   longo prazo, 117-118, 123-125
premissas das decisões empresariais, 121
pré-tecnológica, civilização, de 1900,
   65-80
previsão, 113-115
Principia mathematica (Russell e
   Whitehead), 1
produção
   conhecimento e, 71
   inovação e, 61
produtividade
   administradores e gerentes e, 81
   aplicação do conhecimento e, 71,
      147-148, 160
   como foco da administração, 25-26
   mudança tecnológica e, 70-71, 74, 78
   múltiplas mensurações para a, 85
profissional, educação, para o mundo dos
   negócios, 131
profissional, mobilidade, 88-89
profissionalização do trabalho tecnológico,
   50-52
propaganda, e comunicações, 9-10
propósito de negócios, e objetivos de
   sobrevivência das organizações
   empresariais, 138
propósitos do receptor, e comunicação, 10
psicologia, e teoria do *T-group*, 3
psicoterapia, *T-groups* na, 3

qualidade de vida, e o papel da
    administração, 29-30, 36

Rathenau, Walther, 26, 27, 28
recurso, conhecimento como, 71, 147-148
retenção, nível de, na memória, 8-9
riscos
    ciência da administração sobre,
        177-178
    empreendimento e, 176-177
    planejamento de longo prazo e, 116,
        126-127
roda de fiar, 43
romântico, movimento, 163
Rousseau, Jean-Jacques, 96
Russell, Bertrand, 1, 11

Schnabel, Franz, 169
Sears, Roebuck, 60, 85
semântica geral, 1
Semmelweis, Ignaz, 167
sensibilidade, treino de, 3
Shibusawa Eiichi, 27
Siemens, Werner von, 50, 52, 56, 60
significado de comunicação, 1
Sigrist, Henry E., 161*n*
silenciosa, A linguagem (Hall), 5
silenciosa, linguagem, na comunicação, 5
simbólica, lógica, 11
Simson, O.G. von, 44*n*
Singer, Charles, 38, 44
sistema
    organizações empresariais como, 173
    tecnologia como, 46
sistemas de computador de
    compartilhamento de tempo, 152
Skinner, B.F., 6
Smith, Cyril Stanley, 105
sobrevivência, objetivos de, de
    organizações empresariais,
    funções de sobrevivência e, 137-141
    histórico e descrição dos, 135-137
    processo orçamentário dos, 143-145
    trabalho a ser feito para desenvolver,
        141-143
sociais, classes, nas cidades fluviais,
    103-104, 109
sociais, instituições
    ciência e, 160

civilizações fluviais e consolidação de,
    102-105, 106-107, 109
tecnologia e reestruturação das, 68-74
sociais, referências, na comunicação, 5
sociais, responsabilidades, da
    administração, 23-24
*Social Problems of an Industrial
    Civilization, The* (Mayo), 14, 42*n*
social, desenvolvimento, como resultado
    da administração, 34-35
social, organização, do trabalho, 43
social, teoria, 23
sociedade
    acesso a educação e mudanças na, 72
    impacto da tecnologia na, 67
    objetivos de sobrevivência das
        organizações empresariais e,
        137-138
    papel da administração na, 33, 96
South Sea Bubble de 1720, 163, 164
Soviética, União, 74-75
Sprague, Frank J., 54
Stalin, Josef, 27
Steinmetz, C.P., 54
subdesenvolvidos, países, administração e
    desenvolvimento de, 34-35
sucesso de pequenas empresas, 90-91
Swieten, Gerhard van, 166
Swift, Jonathan, 162

Tagore, Rabindranath, 66
Taylor, Frederick Winslow, 25-26, 28,
    32, 40-41, 70
técnicas, universidades, 50-51, 165
tecnologia
    administração científica e mudanças
        na, 40-41
    ambiente criado pelo homem e, 74-75
    ciência e impacto da, 160, 162
    civilizações fluviais e, 102
    como centro da percepção e
        experiência humana, 65
    críticos da, 79-80
    educação e, 71-72
    emancipação feminina e, 68
    engenharia humana e mudanças na,
        41-42
    estudo histórico da, 43-46, 105-106
    fabricação de ferramentas e, 37-38

guerra e, 72
impacto humano da, 77-80
impacto na sociedade e na cultura da, 67
instituições sociais recriadas pela, 68-74
mudança nas visões quanto à, 68, 163-164
mudanças mundiais ocasionadas pela, 72-74, 76-77
no começo do século XX, 66-67
organização do trabalho e, 42-43, 69-71
prática médica e conhecimento adquirido na, 162
propósito da, 39
significado de, 38-39
tendências do século XX na, 49-63
trabalho humano como domínio da, 39-40
viagem e impacto da, 76-77
tecnológica, revolução, 159-169
agricultura e, 164-165, 168
conhecimento e, 167-168
medicina e, 166-167, 168
progresso científico em 159-160, 168
tecnológico, trabalho
abordagem sistemática em relação ao, 46, 49, 61-62
como trabalho qualificado, 50
educação e treinamento para, 50, 52, 71
especialização do, 50, 52-53
inovação e, 59-61
institucionalização do trabalho no laboratório de pesquisa e, 50, 52-56
inventores e invenções e, 52-53, 54, 58, 60, 63
método de pesquisa e, 58-59
mudança de métodos e, 49, 55-61
mudanças estruturais no, 49, 50-55
relação entre ciência e, 55-57
telefone, invenção do, 52, 56, 67, 69, 94
Tempos modernos (filme), 79
T-groups, 3
Thaer, Albrecht, 165
The future of industrial man (Drucker), 28
Thomson, H.G., 43
tom de voz, na comunicação, 5

tomada de decisões no planejamento de longo prazo
características de riscos e, 126-127
conceito empresarial de, 119
conhecimento gerencial na, 128-129
elementos da, 121-123
estrutura das decisões na, 122, 125-126
etapa de impacto na, 122-123
informação na, 119-120
intervalo de tempo na, 117-118, 123-125
mensurações na, 127-128
novo conteúdo de conhecimento necessário na, 123
previsão versus, 113-115
processo orçamentário e, 144-145
requisitos da, 120-128
resultados da, 123
rumos alternativos e, 121-122
tentativas de eliminação de riscos e, 116
velocidade e risco da inovação e, 118
trabalhadores com conhecimento técnico, 32, 71, 98-99, 160
trabalhadores especializados
como foco da administração, 25-26, 28
construção de catedrais góticas e, 44
trabalhadores não qualificados
como foco da administração, 25-26, 28
construção de catedrais góticas e, 44
mudança tecnológica e status dos, 70
trabalhista, partido, 28
trabalho
administração científica e, 40-41, 70
aplicação do conhecimento no, 148-149
como foco da administração, 25-26, 28
engenharia humana e, 41-42
ferramentas e técnicas e influência no, 37-47
impacto da tecnologia no, 68, 69-71
organização do, 42-43, 69-71
urbanização referente a mudanças no, 75
treinamento universitário e trabalho tecnológico, 50-52, 71
treinamento, e trabalho tecnológico, 50-52, 71
Tull, Jethro, 165

universitário, treinamento, e trabalho
    tecnológico, 50-52, 71
urbanização, impacto da tecnologia na,
    74-75, 78-79

Vail, Theodore, 136
valores
    administração e, 26, 27, 29, 33, 35-36
    comunicação e, 10, 15, 16-17, 18
van Swieten, Gerhard, 166
variáveis, despesas, e processo
    orçamentário, 144
Verne, Júlio, 67, 76
Viagem ao centro da terra (Verne), 67
viagens, impacto da tecnologia nas, 76-77
Vinte mil léguas submarinas (Verne), 67
Virgílio, 43

Walker, Charles R., 42*n*
Wallace, Alfred Russell, 37, 38
Watt, James, 55, 160, 164, 165
Wells, H.G., 67
Westinghouse, George, 52
White, Lynn T., Jr., 38, 105
Whiteheadm Alfred North, 1, 11
Whitney, Eli, 50, 60, 165
Wiener, Norbert, 1
Wittgenstein, Ludwig, 1
Wittvogel, Karl A., 103*n*
Woehler, Friedrich, 166
Wright, Wilbur e Orville, 51

Young, Arthur, 165

CONHEÇA TAMBÉM OUTROS TÍTULOS DA BIBLIOTECA DRUCKER:

ADMINISTRAÇÃO NA ERA DAS GRANDES TRANSFORMAÇÕES
978-85-352-5219-4
352 páginas

HOMENS, IDEIAS E AÇÕES POLÍTICAS
978-85-352-5223-1
288 páginas

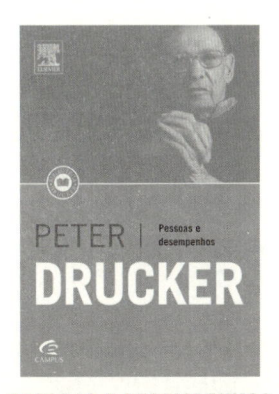

PESSOAS E DESEMPENHOS
978-85-352-5152-4
320 páginas

OS NOVOS DESAFIOS DOS EXECUTIVOS
978-85-352-5220-0
272 páginas

RUMO À NOVA ECONOMIA
978-85-352-5222-4
208 páginas

AS FRONTEIRAS DA ADMINISTRAÇÃO
978-85-352-5224-8
384 páginas

Cartão Resposta

050120048-7/2003-DR/RJ
Elsevier Editora Ltda

...CORREIOS...

ELSEVIER

SAC | 0800 026 53 40
ELSEVIER | sac@elsevier.com.br

CARTÃO RESPOSTA

Não é necessário selar

O SELO SERÁ PAGO POR

Elsevier Editora Ltda

20299-999 - Rio de Janeiro - RJ

Acreditamos que sua resposta nos ajuda a aperfeiçoar continuamente nosso trabalho para atendê-lo(la) melhor e aos outros leitores.
Por favor, preencha o formulário abaixo e envie pelos correios ou acesse www.elsevier.com.br/cartaoresposta. Agradecemos sua colaboração.

Seu nome: _____

Sexo: ☐ Feminino ☐ Masculino   CPF: _____

Endereço: _____

E-mail: _____

Curso ou Profissão: _____

Ano/Período em que estuda: _____

Livro adquirido e autor: _____

Como conheceu o livro?

☐ Mala direta   ☐ E-mail da Campus/Elsevier
☐ Recomendação de amigo   ☐ Anúncio (onde?) _____
☐ Recomendação de professor
☐ Site (qual?) _____   ☐ Resenha em jornal, revista ou blog
☐ Evento (qual?) _____   ☐ Outros (quais?) _____

Onde costuma comprar livros?

☐ Internet. Quais sites? _____
☐ Livrarias ☐ Feiras e eventos ☐ Mala direta

☐ Quero receber informações e ofertas especiais sobre livros da Campus/Elsevier e Parceiros.

Siga-nos no twitter @CampusElsevier

Qual(is) o(s) conteúdo(s) de seu interesse?

Concursos
- [ ] Administração Pública e Orçamento
- [ ] Arquivologia
- [ ] Atualidades
- [ ] Ciências Exatas
- [ ] Contabilidade
- [ ] Direito e Legislação
- [ ] Economia
- [ ] Educação Física
- [ ] Engenharia
- [ ] Física
- [ ] Gestão de Pessoas
- [ ] Informática
- [ ] Língua Portuguesa
- [ ] Línguas Estrangeiras
- [ ] Saúde
- [ ] Sistema Financeiro e Bancário
- [ ] Técnicas de Estudo e Motivação
- [ ] Todas as Áreas
- [ ] Outros (quais?)

Educação & Referência
- [ ] Comportamento
- [ ] Desenvolvimento Sustentável
- [ ] Dicionários e Enciclopédias
- [ ] Divulgação Científica
- [ ] Educação Familiar
- [ ] Finanças Pessoais
- [ ] Idiomas
- [ ] Interesse Geral
- [ ] Motivação
- [ ] Qualidade de Vida
- [ ] Sociedade e Política

Jurídicos
- [ ] Direito e Processo do Trabalho/Previdenciário
- [ ] Direito Processual Civil
- [ ] Direito e Processo Penal
- [ ] Direito Administrativo
- [ ] Direito Constitucional
- [ ] Direito Civil
- [ ] Direito Empresarial
- [ ] Direito Econômico e Concorrencial
- [ ] Direito do Consumidor
- [ ] Linguagem Jurídica/Argumentação/Monografia
- [ ] Direito Ambiental
- [ ] Filosofia e Teoria do Direito/Ética
- [ ] Direito Internacional
- [ ] História e Introdução ao Direito
- [ ] Sociologia Jurídica
- [ ] Todas as Áreas

Media Technology
- [ ] Animação e Computação Gráfica
- [ ] Áudio
- [ ] Filme e Vídeo
- [ ] Fotografia
- [ ] Jogos
- [ ] Multimídia e Web

Negócios
- [ ] Administração/Gestão Empresarial
- [ ] Biografias
- [ ] Carreira e Liderança Empresariais
- [ ] E-business
- [ ] Estratégia
- [ ] Light Business
- [ ] Marketing/Vendas
- [ ] RH/Gestão de Pessoas
- [ ] Tecnologia

Universitários
- [ ] Administração
- [ ] Ciências Políticas
- [ ] Computação
- [ ] Comunicação
- [ ] Economia
- [ ] Engenharia
- [ ] Estatística
- [ ] Finanças
- [ ] Física
- [ ] História
- [ ] Psicologia
- [ ] Relações Internacionais
- [ ] Turismo

Áreas da Saúde
- [ ]

Outras áreas (quais?): _____

Tem algum comentário sobre este livro que deseja compartilhar conosco?
_____

Atenção:
- As informações que você está fornecendo serão usadas apenas pela Campus/Elsevier e não serão vendidas, alugadas ou distribuídas por terceiros sem permissão preliminar.
- Para obter mais informações sobre nossos catálogos e livros, por favor, acesse **www.elsevier.com.br** ou ligue para **0800 026 53 40**.